# Elogios para *Decídete*

"El enfoque de Steve no solo es muy cautivador sino que tiene un efecto inmediato en la motivación y capacidad productiva del lector. Su libro es lo mejor, después de sus conferencias. ¡Lo recomiendo muchísimo!".

—Christina Harper Elgarresta
Directora Administrativa Accenture

"El mensaje de *Decídete* es: si estás teniendo dificultades para liderar, asegúrate de no estar tan solo administrando; si te sientes frustrado porque tus mejores resultados no sobrepasan en gran manera tus metas o porque vas apenas al ritmo del calendario, este nuevo libro de Steve McClatchy es para ti. *Decídete* es una solución fresca a algunos de los más tortuosos problemas que bloquean nuestra capacidad de producir al máximo. Pero no creas solo en mi palabra. Adquiere tu ejemplar y verás cómo pronto estarás ordenando más para todo tu equipo de trabajo".

—Marshall Goldsmith
Entrenadora ejecutiva destacada en Estados Unidos (Revista *Fast Company*)

"*Decídete* pone el poder de cada persona justo donde debe estar: en sus manos. Sigue los consejos que Steve te ofrece y de inmediato verás beneficios que te harán cambiar la forma en que planeas, inviertes tu tiempo y te relacionas con los demás. Para cambiar tu trayectoria y comenzar a tener el control de todos los aspectos de tu vida, todo lo que tienes que hacer es decidirte".

—Mary Davis Holt
Entrenadora en el área de liderazgo, conferencista y coautora del exitoso libro *Break Your Own Rules*

"He trabajado con Steve y puedo decir de primera mano que su enfoque ha tenido un profundo impacto en cada nivel de nuestra organización. Sus métodos conllevan a revelaciones que marcan un impacto tremendo. Recomiendo de manera muy enfática a Steve, a su enfoque, ¡y a su libro!".

—Luc Robitaille
Presidente de Operaciones, Los Ángeles Kings Hockey Club

"En *Decídete* Steve McClatchy nos muestra que tenemos la capacidad de alcanzar metas grandiosas alineando lo que queremos lograr con nuestra forma de emplear el tiempo. Sin tener en cuenta el tipo de industria ni el nivel en que te encuentras, obtendrás grandes dividendos de los consejos que encontrarás en esta obra —una guía bastante práctica".

—Valerie Sutton
Directora de Servicios Profesionales,
Escuela de Educación de la Universidad de Harvard

"Como dijo el Profesor Randy Pouch hace poco: 'No es qué tanto vivas sino de qué tanto bienestar disfrutas'. *Decídete* nos enseña cómo llevar una vida más significativa y productiva mediante el simple hecho de poner en práctica la capacidad que tenemos para tomar decisiones sabias. Te invito —junto con tu equipo— a comenzar o a volver a tener control de tu tiempo y esfuerzos leyendo este importante libro".

—Navi Radjou
Conferencista, consejero, escritor *best seller* y coautor de *Jugaad Innovation* y de *From Smart to Wise*

"El liderazgo de talla mundial consiste en hacer elecciones inspiradoras y visionarias. A través de historias y consejos MacClatchy hace énfasis en este concepto al recomendarnos hábitos diarios de gran beneficio, útiles para líderes de toda clase. *Decídete* es una lectura muy lucrativa sobre un tema bastante álgido".

—Douglas R. Conant
Presidente de Avon Products, Fundador de Conant Leadership y autor del *best seller* de *The New York Times*, *TouchPoints*

"Tu éxito como líder es tan acertado como tus decisiones. McClatchy te muestra cómo tomar decisiones diarias que te mantengan en el ruedo y te lleven hacia un mejor futuro".

—Elizabeth Walker
Vicepresidenta de Global Talent Management, Campbell Soup Company

# DECÍDETE

TRABAJA MEJOR, REDUCE EL ESTRÉS
Y LIDERA MEDIANTE EL EJEMPLO

## Steve McClatchy

TALLER DEL ÉXITO

"*Para Lynn, Grace, Amy, Kyle y Kelly,
por ser la razón por la que trabajo duro,
deseo llegar pronto a casa, y sonrío.
Gracias por su fe y confianza,
por su apoyo y amor abundante.
Este libro es para ustedes*".

# Contenido

# Prefacio

El material que conforma este libro ha sido presentado a ejecutivos de alto nivel al igual que a estudiantes de secundaria y universidad, así como a personas que se encuentran cruzando por las diversas etapas de la vida. Mucha gente ha formado parte de este proceso que lleva ya 12 años. Es un mensaje de liderazgo con el que cada lector se relacionará de manera muy propia ya que todos tenemos la oportunidad de liderar grupos, bien sea a nivel profesional o personal.

*Decídete* pretende ayudarles a sus lectores a liderar mediante el mejoramiento de su vida laboral y personal enseñándoles cómo tomar decisiones sabias y que se basen en los resultados que desean obtener.

Este libro explora las motivaciones que nos impulsan a hacer lo que hacemos en el diario vivir y demuestra que aquello que no estamos obligados a hacer bajo ninguna circunstancia resulta teniendo gran relevancia a la hora de definirnos como líderes y también como individuos.

*Decídete* explica la manera de lograr balance en la vida tomando decisiones acertadas, y no solo esperando a que algún empleador nos ayude a lograrlo. Este libro les presenta a sus lectores una perspectiva sobre las distintas formas de vivir el día a día con la energía necesaria —ya sea para lograr las metas deseadas o para postergarlas— y los reta a hacer elecciones que conlleven a obtener sus triunfos.

El libro presenta también un mejor entendimiento del valor del tiempo desde el punto de vista de lo que significa aprovechar las oportunidades, y demuestra cómo la comprensión de dicho valor determinará la manera en que empleemos nuestra vida.

A su vez ofrece consejos invaluables para aprender a priorizar, planear, manejar las interrupciones, y a organizar un sistema productivo para poner en práctica en circunstancias reales las habilidades que contribuyan a hacer más en menos tiempo reduciendo el estrés y llevando a cabo lo que necesitamos, y aun así tener tiempo de sobra para disfrutar de todo lo que hace que la vida valga la pena.

Y por último, *Decídete* ofrece una explicación con respecto a cómo la forma de tomar decisiones moldea nuestra vida y nuestras relaciones interpersonales a largo plazo.

Este proyecto es la culminación de muchos años de un trabajo que incluye la implementación y desarrollo de ideas, presentaciones en vivo, investigaciones, encuestas, así como la búsqueda de temas relacionados con la administración del tiempo y el liderazgo personal. He invertido muchos años en la industria del desarrollo de talentos porque creo en la misión de ayudar a la gente a pensar y reflexionar sobre sus valores, con respecto a cómo adquirir la responsabilidad que todos tenemos con nuestra propia vida y saber cómo dar un paso atrás y tomar otros senderos cada vez que sea necesario proveyendo un marco dentro del cual la gente pueda evaluar sus decisiones, dirección y visión del futuro.

También creo en el poder de esta industria para ayudarles a los negocios a adquirir su visión, misión, cultura empresarial, y un propósito significativo así como la ruta a seguir para lograr todo lo anterior. El desarrollo del empleado, como parte de la misión de la empresa, está ligado al hecho de tener trabajadores más felices, clientes más a gusto, y una mayor retención de los dos. Estas medidas incrementan no solo el bienestar general de una organización sino además su nivel de productividad.

Después de asistir a mis programas de liderazgo muchos clientes reportan que el resultado de su asistencia es un incremento en el compromiso de su personal, en la retención de empleados y clientes, y una cultura empresarial más afianzada. El liderazgo es esencial para que las compañías sobrevivan y prosperen en este mundo cambiante. Yo creo en especial en mi definición de liderazgo: "Mejorar es necesario tanto en el negocio como en lo personal". Sin un avance constante las organizaciones comienzan a quedarse rezagadas y terminan por morir. Como individuos, lo mismo es cierto. El liderazgo personal que pretende mejorar dentro del marco de los valores es el que nos saca del fracaso y nos permite crecer y ser mejores con el paso del tiempo.

Para liderar y progresar se requiere de tiempo, energía y compromiso, —aunque de todas maneras el tiempo pasa, ya sea que lo invirtamos en cumplir o no nuestras metas. Si tus decisiones acerca de la vida y de cómo emplear el tiempo no reflejan un esfuerzo para hacer que tu futuro sea mejor que hoy, entonces no lo será.

Cada vez que procuras ganar tomando decisiones proactivas y evaluando las consecuencias de tus acciones o falta de ellas con respecto a tus empleados, familia, hijos, colegas y amigos, demuestras tu liderazgo porque estás trabajando para mejorar las circunstancias y determinando cómo va a ser el futuro porque no estás dispuesto a dejárselo a la suerte.

Mi pasión por promover el liderazgo a todo nivel me ha llevado a desarrollar este material y presentárselo a miles de personas año tras año. Después de escuchar historias de mucha gente alrededor del mundo con respecto a su liderazgo puedo decirte con conocimiento de causa que los verdaderos líderes realmente marcan la diferencia. Así que espero que tú también te decidas a ser un líder y a marcar también la diferencia, y que este libro te muestre cómo lograrlo.

Si después de leerlo te decides y te comprometes a lograr cambios que produzcan prosperidad en tu vida, y que te conduzcan hacia un futuro más apasionante y cautivador, entonces *Decídete* habrá cumplido su propósito.

# Introducción

Septiembre 16 siempre fue un día muy especial durante mi niñez. Una vez al año, todos los años, durante por lo menos 18 años, era el único día en el que tenía derecho a decidir qué comería de cenar. ¡Era mi cumpleaños!

Con 12 hijos, un esposo, y varios invitados cada noche, mi madre se habría enloquecido tomando órdenes y tratando de satisfacernos a todos a la hora de la cena. Así que todos los días ella revisaba la alacena y tomaba sus propias decisiones acerca de lo que todos los integrantes de la familia comeríamos cada noche. La única vez que no lo hacía así era cuando se trataba del cumpleaños de alguno de nosotros. Ese día sí había un trato muy especial y todos teníamos que cenar lo que el homenajeado hubiera elegido. Todavía recuerdo el menú favorito de cada uno y la mirada de orgullo y satisfacción en nuestra cara cuando nos servían. También recuerdo las negociaciones rara vez exitosas que todos los hermanos intentábamos hacer para influenciar al cumpleañero. Sin embargo todos entendíamos la oportunidad que teníamos frente a nosotros y nadie era tan tonto como para permitir que ese sentimiento de poder y libertad de elección se esfumara durante todo un año.

Por suerte, las comidas, aunque escogidas por nosotros de manera arbitraria, siempre eran una delicia —y siempre las recibíamos, no como una obligación hacia nosotros, aunque siendo la nuestra una familia tan numerosa, el hecho era que cada uno teníamos muchos quehaceres desde muy jóvenes. Dejo constancia de que mi madre era justa —dedicada y practicante del libre albedrío—, así que durante los 364 días del año en los que la elección no dependía de uno, ella siempre nos daba la alternativa de que, a quien no le gustara lo que había de cenar, el cereal con leche era la otra única opción. Sin embargo teníamos que sentarnos todos a la mesa, pero la taza de cereal era la constancia de individualidad que satisfacía incluso al más malhumorado de nosotros.

Mi madre no nos dejaba elegir, no solo para que no nos sintiéramos con poder de mando sino porque además ella tenía restricciones de tiempo, presupuesto, solo dos manos y una cocina. Menos mal que no tuvo que lidiar con ninguna clase de alergias relacionadas con la comida, sin embargo las opiniones no faltaban y casi todas las noches había alguien cuya última elección era cereal con leche.

Cuando ya estaba a punto de irme a la universidad me sentía muy emocionado con mis ilusiones en cuanto a la independencia de la que disfrutaría viviendo en el dormitorio universitario. Sabía que tendría mucho de dónde escoger en cuanto a universidades, estudios, cómo emplear mi tiempo una vez estuviera fuera de mi casa, etc. Pero tuve que reírme la primera vez que fui a la cafetería y descubrí que había un menú limitado y predeterminado para cada día, y también había un enorme dispensador de cereal al final de la fila en caso de que no nos gustara lo que había en el menú de día.

Ese afán de independencia y libertad que proviene de la posibilidad de tomar nuestras propias decisiones y de hacer nuestras propias elecciones es un sentimiento muy fuerte, digno de experimentar. Incluso cuando niños, todos reconocemos ese poder que produce el hecho de tomar una decisión. Es obvio que a medida que vamos madurando el proceso de hacer elecciones, este pasa de ser lo que una vez consideramos como un gran privilegio a convertirse en una responsabilidad bastante significativa. Por lo general este cambio ocurre al darnos cuenta de manera consciente de las consecuencias de las decisiones que tomamos, las cuales se van volviendo más serias y duraderas. Entre más importante sea la decisión, más afectan sus resultados a otras personas, como por ejemplo a nuestra familia o empleados. Tarde o temprano la toma de decisiones llega incluso a convertirse en una carga y llega el punto en que a veces quisiéramos que alguien nos dijera lo que tenemos que hacer o no hacer y cómo hacerlo para alcanzar nuestras metas... ¡o que por lo menos nos ayudara a pensar qué preparar para la cena!

Aunque la mayoría de las decisiones que tomamos resulta siendo un buen menú a la hora de la cena o tiene que ver con cosas insignificantes, otras ejercen un gran impacto en nuestra vida. ¿Se merecen todas nuestras decisiones la misma cantidad de tiempo y atención de nuestra parte? ¿Cómo hacer para priorizarlas? ¿Sabes dónde comenzar cuando es hora de tomar una decisión crucial?

Permíteme hacerte otras preguntas importantes: ¿Cómo te sientes frente a las decisiones que has tomado hasta aquí? ¿Qué tal son las elecciones que haces y que afectan tu vida diaria? ¿Sientes que llevas una vida balanceada? ¿Tienes tiempo suficiente para ocuparte de lo importante? ¿Estás siempre corriendo y tratando de mantenerte actualizado? ¿Sabes cómo priorizar y planear de manera efectiva para realizar más tareas en menos tiempo? ¿Has observado que las mejores decisiones producen los mejores resultados? ¿Sabes cómo pasar de la administración al liderazgo? ¿Estás comprometido por entero con tu carrera y tus metas? ¿Encuentras formas de mejorar tu negocio y tu vida al tiempo que logras ser tú mismo? Este libro te mostrará que todo esto no solo es posible sino necesario para evitar el agotamiento, mantener el entusiasmo y convertirte en un líder efectivo en tu negocio y en tu vida personal.

# Capítulo 1

# Dos formas de motivación

## *Ganar y prevenir inconvenientes*

. . . . . . . . . . . . . . . . . . . . . . . . . . . . . . .

*"Dentro de 20 años sentirás más remordimientos
por todo aquello que no hiciste que por lo que
hiciste, así que extiende las velas, zarpa del puerto
seguro y enfréntate a los cambios del viento,
explora, sueña, descubre".*

—Mark Twain

. . . . . . . . . . . . . . . . . . . . . . . . . . . . . . .

¿Qué decisiones o propósitos producen resultados significativos en nuestra vida y estamos dándoles la suficiente atención y tiempo? ¿Cuáles de las múltiples cosas que hacemos a diario en verdad nos impulsan hacia delante y cuáles nos mantienen justo en el mismo lugar?

Según la sicología popular todos tenemos las mismas razones para realizar los cientos de tareas que hacemos a diario. Muchos estudios concuerdan con que podemos dividir todas las distintas formas de motivación en dos categorías: la motivación para movernos pensando en ganar algo a cambio y la motivación para actuar previniendo inconvenientes. Cada vez que te has sentido comprometido a hacer algo —desde hacer una llamada telefónica hasta pararte del sofá, gastar dinero, ir a trabajar, a viajar— has estado motivado por conseguir algo que querías (ganar) o por evitar la pérdida de algo que tenías (prevenir un inconveniente).

Dicho concepto queda ilustrado en casi todo aspecto de la vida: salud, finanzas, alimentación, carrera/trabajo, familia, e incluso pasatiempos. Miremos primero el campo de la salud: ¿haces ejercicio con frecuencia, tomas vitaminas o medicinas, vas al médico para tus chequeos regulares o cuando te sientes enfermo? Cada vez que te sientes motivado a hacer algo con respecto a tu salud ha sido para ganar o mejorar en esa categoría (ser más saludable de lo que te encuentras ahora, perder peso, bajar los niveles del colesterol, tonificar los músculos, sanar heridas) o para prevenir inconvenientes, (dolores, enfermedades, aumento de peso, deterioro muscular, etc.). Algunas veces sentirás las dos motivaciones con respecto a algún evento, como por ejemplo hacer ejercicio para perder peso y a la vez prevenir enfermedades cardiacas.

¿Qué tal en tus finanzas? Todo mundo ha tenido una motivación financiera en determinado momento de su vida. ¿Estás tratando de ganar en esta categoría obteniendo un ascenso empresarial y un aumento de salario? ¿Estás haciendo una inversión lucrativa o aumentando tus ahorros? ¿Estás intentando prevenir inconvenientes al mantenerte alejado de inversiones que te hagan perder el dinero que tienes? ¿Compraste un seguro, recortaste y le diste uso a unos cupones, aplicaste a una beca o a un préstamo estudiantil? ¿Refinanciaste tu hipoteca o buscaste un lugar más económico para vivir?

También está el tema de la alimentación unido a la comida. Algunas veces quieres ganar dándote la oportunidad de tener una cena especial o experimentando cierto tipo de comida diferente. Otras veces estás en la posición opuesta y solo quieres prevenir inconvenientes posteriores comiendo algo muy sencillo que te evite el dolor de cabeza o de estómago para volver de nuevo a tu trabajo a la mayor brevedad posible.

El asunto de ganar *versus* prevenir también aplica al campo de los negocios. Pregúntate: ¿el propósito de tu reunión semanal es identificar una posibilidad de nuevos clientes o detectar otras maneras para mejorar el proceso de tomar nuevas órdenes de compra? ¿Para revisar el protocolo de las reuniones y hablar de las llegadas tarde de los empleados o del estado de los inventarios? ¿Es una reunión que te permitirá ganar al ayudarte a impulsar tu negocio? ¿O es para ayudarte a prevenir algo mostrándote cómo no quedarte rezagado y fracasar?

Analiza cualquier motivación reciente que hayas tenido con respecto a tu carrera. ¿Ha estado enfocada en ganar porque siempre procuras implementar nuevas rutinas que te beneficien a largo plazo, como por ejemplo adquiriendo un título profesional más avanzado, una certificación, cerrando un trato relevante que te candidatice para obtener un ascenso? ¿Estás pensando en cómo afrontar la siguiente racha de despidos? ¿O en cómo llenar todas las expectativas para la siguiente evaluación de tu trabajo?

Tanto ganar como prevenir te llevan a tomar cada decisión y a realizar cada actividad que te hayas propuesto. Y aunque suele ser una combinación de las dos, una es más fuerte que la otra. Hay en ti un 51% o más en una de estas dos clases de motivación, pero la diferencia más importante entre ellas es el resultado que producen.

> Lo que te propones hacer guiado por el deseo de ganar produce resultados positivos más significativos en tu vida personal y en tus negocios que lo que te propongas hacer guiado por tu deseo de prevenir inconvenientes.

¡De inmediato te preguntarás por qué! Porque cuando estás pensando en ganar y te sientes motivado por ello, te enfocas en algo que quieres conseguir, estás ideando la forma de producir un resultado que deseas obtener. No estás pensando en perder algo ni en mantener el *statu quo* sino trabajando en seguir hacia delante y que tu vida sea mejor de lo que es hoy, teniendo en cuenta el deseo que tienes de mejorar —¡lo cual es muy emocionante! Ganar te da un enfoque, una dirección en la cual ir.

Estos no son los pensamientos que cruzan por la menta cuando estamos siempre enfocados en maneras de prevenir posibles inconvenientes, como por ejemplo al pagar las cuentas o al lavar la ropa. Ninguna de estas tareas reflejan lo que *deseamos* de la vida porque cuando lavamos la ropa estamos previniendo la inconveniencia de no tener qué ponernos. Lo mismo ocurre al pagar cuentas pues prevenimos que nos corten el servicio de la luz o pagar cargos adicionales por su reconexión. Pero enfocarnos en ganar es diferente porque nos impulsa a ir en busca de lo que *queremos* y que hará que todo sea mejor. Y esos resultados son mucho más significativos que el efecto que tienen las actividades de prevención.

Toma un minuto para pensar en algo que te encantaría hacer o realizar, y que todavía no has experimentado. No hay respuesta correcta ni incorrecta porque son tus anhelos y los de nadie más. ¿Has soñado con obtener un título, alguna maestría o un PhD? ¿En correr y terminar una maratón, aprender otro idioma, escribir un libro, abrir un negocio, fundar una organización o restaurar un carro deteriorado? ¿Qué tal un nuevo deporte, viajar a países lejanos o construir tu árbol genealógico? ¿Sueñas con comprar tu primera casa y que te reporte una entrada financiera? ¿Con ser político? Piensa en algo que sobresalga de entre todos tus anhelos. ¿Qué es lo que más te gustaría hacer y no lo has intentado todavía?

Ahora, ¿dirías que esta meta o propósito están relacionados con algo que quisieras ganar? ¿O con prevenir la pérdida de algo que ya tienes? Para la mayoría de la gente se trata de ganar. Pocos, cuando se les pide que identifiquen algo que les encantaría llevar a cabo, hablan acerca de pagar su cuenta del gas o de llenar un informe dispendioso. *Cuando soñamos con metas que quisiéramos alcanzar, pensamos en algo relacionado con ganar.* Analiza cómo sería tu vida si realizaras esa meta que te hiciera sentir ganador. ¿Te produciría orgullo, sentido de logro, recuerdos felices? ¿Sería tu vida mejor de lo que hoy es?

De eso se trata ganar: de mejorar y seguir adelante. Es experimentar y lograr todo *lo que quieres*, y hacerlo parte de ti.

## PREVENIR INCONVENIENTES: ¡TENGO QUE HACERLO!

Todo lo que hacemos a manera de prevención implica obligación. Existe esa frase popular que dice que lo único que "tenemos que hacer" es pagar los impuestos y morir. Sin embargo estoy seguro de que, si te preguntamos qué tienes que hacer hoy (o cualquier otro día) para mantenerte al día en todo, tendrías una lista bastante larga de tareas.

Todos tenemos responsabilidades, unos más que otros, según la edad, el trabajo, la familia, etc. Por ejemplo, muchas responsabilidades vienen implícitas con el hecho de devengar un salario, después de todo tu empleador te está pagando para que te encargues de ciertos asuntos. Si eres un estudiante, tu responsabilidad es estudiar y aprovechar la oportunidad de aprender y prepararte para el futuro. Hechos como el de tener una vivienda propia, un carro, e incluso una mascota, también implican grandes responsabilidades. Ser una padre o madre de familia es en sí misma una responsabilidad enorme y demanda mucho por hacer. Ciertas situaciones, como lidiar con una enfermedad o una incapacidad, han llegado a ti sin ninguna autorización previa; algunas, a lo mejor hubieras estado de acuerdo en aceptarlas; otras, es posible que hayan llegado como resultado indirecto de tus decisiones.

Lo cierto es que, sin importar cuántas responsabilidades tengas, siempre tomarán gran parte de tu día. Por lo general hay algo que reparar, mantener, limpiar, conservar, cuidar, etc. La razón por la cual las tareas para prevenir inconvenientes son tantas es porque estas nunca terminan sino que se repiten una y otra vez. Por ejemplo, nunca borras "lavar la loza" de tu lista de cosas por hacer, solo la mueves hacia el final de la lista porque la siguiente noche tendrás que lavarla otra vez. Lo mismo ocurre con chequear el correo o con mantener el inventario: nunca borras esas tareas de tu lista sino que las reubicas al final de tu serie de actividades porque tendrás que ejecutarlas una y otra vez. Tareas como la de ponerle gasolina a tu carro, lavar la ropa y hacer mercado son las que te ayudan a mantenerte al día y nunca terminarán. Sin embargo al enfocarte solo en ellas terminarás no obteniendo ninguna ganancia para tu vida, y aunque evitarás molestias, no sacarás ningún provecho de ellas.

Las tareas que haces para prevenir implican cierto grado de urgencia. Debes completar algunas, como por ejemplo cierto trabajo que te asignaron con una fecha de entrega específica en tu oficina. Otras, como las relacionadas con el aseo de tu casa, tienen un poco más de flexibilidad en términos de fechas, es tu responsabilidad hacerlas o lidiar con las consecuencias de no hacerlas. Pero hay algo que sí tienen en común todas las tareas preventivas, y es que su definición implica "obligación": es toda tarea o actividad que, si la descuidamos, en determinado momento terminará por captar nuestra atención.

Por ejemplo, digamos que un compañero de trabajo te está esperando en la oficina para realizar una tarea juntos. Si tú no la haces, él te seguirá hasta el ascensor, te llamará por teléfono, te enviará un correo electrónico, te parará en el pasillo de entrada a la oficina, te enviará un recordatorio o vendrá a golpear a tu oficina para decirte: "Bueno, ¿tuviste tiempo para...?" Ya sea un jefe, colega, cliente, miembro de la familia, vecino, compañero de habitación, cobrador, o cualquier otra persona involucrada en el asunto, querrá saber si hiciste aquello que tenías la obligación de hacer. Esa es la naturaleza de las tareas que implican la "obligación" de prevenir ya que, si no te ocupaste de ellas, en cualquier momento llamarán tu atención.

## ¿EN REALIDAD TENGO QUE HACERLO?

Cuando digo que "tienes que hacerlo", a lo mejor piensas: "¡*No tengo* por qué hacer nada porque soy libre!" Y claro, la decisión de hacerlo o no es tuya, sin embargo, si decides *no* hacerlo, tendrás que enfrentar las consecuencias de esa decisión. Por ejemplo, si decides que vas a dejar de pagar tu hipoteca o tu renta tendrás que afrontar las consecuencias de no poder vivir más en tu casa junto con la posibilidad de no conseguir otra vivienda porque destruiste tu historia crediticia. Así que tendrás que afrontar el hecho de pagar o enfrentar lo que venga por no hacerlo. Eso es lo que estás logrando cuando decides hacer o no cualquier cosa.

Aunque dudo que alguien quiera quedarse sin hogar, algunas tareas preventivas tienen consecuencias menos severas que a lo mejor estés dispuesto a aceptar con tal de no realizarlas. Por ejemplo, si tu vecino llama a tu puerta y te dice: "Tu patio trasero se está convirtiendo en una selva amazónica, ¿cuándo piensas limpiarlo?", tú tienes la libertad para contestarle de muchas maneras, incluyendo: "Gracias por recordármelo, *¡pero no pienso volver a limpiarlo!* ¡Es mi patio y puedo hacer con él lo que yo quiera!" Tomaste la decisión de dejar de limpiarlo, de no hacer esa tarea preventiva. Pero ahora la molestia de no limpiarlo comenzará a hacer mella: el patio se verá descuidado y no podrás usarlo para nada; el pasto se morirá, tus relaciones con los vecinos se verán afectadas. Si dejas que la situación avance, ¡hasta tus mascotas o tus hijos se perderán allí! Si puedes vivir con esas consecuencias, entonces quizá puedas vivir sin arreglar tu patio, pero de cualquier manera arreglarlo es una tarea en la categoría de "prevenir inconvenientes" porque tendrás que lidiar con el hecho de hacerlo o con el de aceptar las consecuencias de no hacerlo.

Esa es la manera de distinguir las tareas para ganar de las que sirven para prevenir: que no hay obligación en lo que hacemos con el fin de ganar porque no hay consecuencias aparentes cuando elegimos no ganar en la vida, excepto que nada ganaremos.

Y sin embargo son esta clase de tareas, las que *no tienes que hacer nunca*, las que producirán los resultados positivos más significativos en tu vida personal y en tus negocios o profesión. Parece un poco contradictorio, ¿cierto? Uno pensaría que si una tarea es una obligación, también debería recibir un premio por hacerla, pero no es así como funciona. Si sigues haciendo solo lo que es necesario para sobrevivir día a día, todo lo que lograrás será prevenir. Pero para llevar tu vida al siguiente nivel, y para que tu negocio avance, debes hacer algo extraordinario —que no tienes por qué hacer. ¡Proponte ganar!

Este concepto vino a mí por primera vez cuando estaba próximo a graduarme en la universidad. Me fue bien en mis estudios aunque no tenía las calificaciones más altas de mi clase. Fuera de estudiar, presentar exámenes y trabajos escritos, jugué futbol y serví como voluntario una buena parte de mi tiempo en varios grupos. En particular recuerdo que quise ser el "hermano mayor" de un gran chico de la ciudad desde mi primer año allí. Siempre me encantó la posibilidad de tener opciones y estuve agradecido por ello. Además me parecía que una buena forma de invertir mi tiempo libre era ofreciéndole algunas oportunidades positivas a alguien que, de otra forma, no las tendría. Pasé una buena parte de mi tiempo con él practicando diferentes deportes, yendo al cine, ayudándolo con sus tareas, entre otras cosas.

A medida que se acercaba mi graduación y corría presentando mis trabajos y exámenes como todos los demás, un día recibí una llamada inesperada del comité encargado de la ceremonia de graduación para notificarme que había sido elegido como el estudiante con mejores resultados académicos y por ende estaría encargado de hacer el discurso de despedida durante la ceremonia.

El comité —que estaba compuesto por profesores de la facultad, consejeros y estudiantes— no me escogió por las notas que obtuve en los exámenes ni por mis proezas académicas. Lo que me informó fue que había sido elegido debido a todas las actividades extra que realicé durante mi tiempo de estudio, y *que no tenía que hacer,* como enrolarme en el Programa del Hermano Mayor, como mi servicio en el comité estudiantil universitario, dirigiendo mi propio programa radial para la comunidad del campus. Es decir, ninguna de las actividades que ellos mencionaron era un requisito para graduarme.

En ese momento el asunto me tomó por sorpresa. Algunos estudiantes de mi clase tenían calificaciones más altas que las mías y estaban haciendo un mejor trabajo en cuanto a los requerimientos para graduarse, pero no fueron elegidos para recibir ese gran honor. En lugar de ellos el comité me eligió a mí debido a todas las cosas que hice ¡y que *no tenía* por qué haber hecho! Entre más tiempo pasaba pensando en aquella cuestión, más co-

mencé a comprenderla. Todos teníamos que pasar con
buenas notas nuestras clases para graduarnos, y muchos
estudiantes obtuvieron notas muy altas, —que irónica-
mente no les alcanzaron para diferenciarse de los demás
estudiantes. En cambio lo que hice para aportarle algo
a alguien, sin que ese fuera el objetivo, me hizo ganar
distinción entre los demás. Las decisiones que tomé con
respecto a cómo invertir mi tiempo y energía me dieron
identidad. Cuando los miembros del comité pensaron en
mí, se estaban preguntando: "¿Qué hay de distinto en él?
¿Qué hizo él que no tenía que hacer?"

Esta experiencia y esta forma de diferenciarme de los
demás se quedó para siempre conmigo. Era la evidencia
del poder y de los resultados positivos tan significativos
que surgen cuando decidimos hacer más de lo que debemos. Esos resultados solo provienen del deseo de ganar.

## ATRIBUTOS DE UNA TAREA PARA OBTENER UNA GANANCIA

Si examinas los atributos de las tareas para ganar podrás discernir cuáles de las que estás haciendo se catalo-
gan como "tareas para ganar" y cuáles como "tareas para
prevenir inconvenientes". Además te ayudará a deducir
cómo te sientes al realizar cada una de ellas. (Pista: pronto
verás por qué unas te hacen sentir *realizado* mientras que
otras solo te hacen sentir *ocupado*). Una vez identificamos
estos atributos estamos listos para analizar cuáles serán
los resultados de hacer cada una de ellas. Entonces estaremos en la capacidad de evaluar que la diferencia en los
resultados debería influenciar las decisiones que tomamos
con respecto a la forma de invertir nuestro tiempo.

## 1. Una tarea para ganar no tiene la característica de urgente

La urgencia es una gran motivación humana. Pero el simple hecho de *etiquetar* algo como urgente hace que la gente se estrese por lo que ha dejado de hacer y por lo que tiene que empezar a hacer ya mismo. A eso se debe que, cuando se trata de resultados, la urgencia no contribuye a que los obtengamos ni es el mejor criterio para decidir qué es lo más importante ni qué producirá los resultados más significativos en la vida.

Por ejemplo, ya has identificado qué te encantaría hacer y no has hecho todavía. Piensa en todo aquello que tienes que hacer para lograrlo. ¿Es urgente que lo empieces *hoy*? ¿Qué ocurre si estás muy ocupado esta semana? ¿Podrías esperar a la próxima o incluso hasta el mes que viene? ¿Qué pasaría si tuvieras que postergarlo incluso todo un año? ¿Ocurriría algo malo? ¡No! Una tarea para ganar *siempre da espera*, no hay fechas límite ni reportes vencidos, no le debes nada a nadie ni enfrentarás consecuencias por no hacerla. La única motivación que tienes es que mejorarás en algún aspecto, pero nunca es urgente. Además, si basas tus decisiones con respecto a qué hacer con tu tiempo solo en lo urgente, no estás realizando ninguna tarea para ganar —ni experimentarás los resultados espectaculares que se producen al hacerlo con ese fin.

En contraste, no es posible demorar ni ignorar ninguna tarea cuyo propósito sea prevenir inconvenientes. Por ejemplo, ¿cuánto tiempo logras vivir sin comida? Algunos han sobrevivido sin alimento durante 30 a 45 días en circunstancias extremas o han soportado 2 o 3 días sin agua, en ciertos casos. La urgencia de abastecerte de agua y comida, pagar la hipoteca de tu casa, entregar una propuesta y presentarte a tu trabajo a tiempo, es obvia.

Todo esto tiene una fecha y un tiempo límite, así como consecuencias, si no cumples.

## 2. Una tarea que te genere una ganancia no implica una obligación

El segundo atributo de una tarea para ganar es que *no estás obligado a hacerla.* La motivación hacia ella proviene de la oportunidad que se te presenta para mejorar y obtener mejores resultados en alguna área, y no del temor a las consecuencias que surgirían si no la ejecutas. Nadie te preguntará jamás por tu tarea para ganar ni te harán seguimiento alguno. Hay solo una razón por la cual la harías: porque *quieres*, no porque *es obligatoria.*

¿Qué pasa si nunca la haces? Bueno, en realidad no pasa nada. Si nunca haces nada respecto a alguna de tus metas, nadie te impondrá una multa ni una sentencia por eso, nadie te preguntará por qué no la lograste. Nada malo ocurrirá, pero ten cuidado, no te engañes: *tampoco ocurrirá nada espectacular en tu vida.* No experimentarás esa ganancia ni avanzarás hacia esa meta ni sentirás la alegría de avanzar. Tu vida se quedará igual durante tanto tiempo como tú lo permitas.

Puedes pasarte la vida entera sin siquiera intentar hacer algo respecto a realizar esa tarea que te reportará una ganancia. Alguna gente ha conseguido vivir por largo tiempo siendo feliz sin alcanzar sus metas. La única razón para alcanzar los sueños es porque uno mismo desea los resultados. Por eso la diferencia entre hacer algo para ganar o para prevenir es la misma que existe entre lo que *yo quiero* y *lo que tengo que hacer*, entre *no tener que hacerlo* y *tener que hacerlo*, entre una fuerte motivación que me lleva a obtener ciertos resultados y la motivación guiada por el temor a ciertas consecuencias.

Si haces aquello que has identificado que te producirá los resultados que quieres lograr, ¿te producirá resultados significativos o insignificantes? No pienses en esos *resultados* solo en términos de cuánto dinero ganarás al hacer tu tarea ni de cómo se verá de bien en tu hoja de vida ni en lo que otros pensarán de ti. Piensa en qué tan realizado te sentirás y cómo eso realzará tu vida; piensa en los resultados en términos de recuerdos, sentimientos, progreso, crecimiento, y en las formas en que todo esto te ayudará a ser cada día mejor.

Una tarea que te reporte una ganancia debe producirte resultados *significativos*; de lo contrario no la hagas. Si estás eligiendo emplear tu tiempo en algo que *no tienes* que hacer pero de verdad *quieres* hacer, estás trabajando para mejorar tu vida. Ya sea que se trate de un voluntariado, de desarrollar una nueva habilidad, mejorar en tu trabajo o comprometerte con algo que "no tienes que hacer", *cada vez que estés motivado porque algo ganarás de esa experiencia, estás pensando en los resultados que te traerá el uso de tu tiempo y esfuerzo* —en tu vida, tus relaciones interpersonales, y en tu negocio.

## 3. Una tarea que produce ganancias es indelegable

La naturaleza de una tarea para ganar o lograr un propósito es que *solo tú* alcanzarás los resultados que buscas. Y *solo tú* experimentarás las satisfacción y adelanto que vienen con el cumplimiento de tu meta. Es imposible delegarles tus sueños a otras personas.

Todos nos enfrentamos a la pregunta sobre cómo emplear de la mejor manera posible las 24 horas de cada día y obtener los mejores resultados de todo lo que hagamos. Cada vez que decides hacer algo estás además tomando la decisión de emplear el tiempo que sea necesario para culminarlo. *Y cuando dejas que alguien más haga algo por ti estás renunciando a una oportunidad para ganar algo por ti mismo y para ti.* Sin embargo, cada vez que contratas a alguien, o que les pides a otros que realicen una determinada tarea que tú deberías hacer —desde lavar una camisa hasta contratar un servicio de jardinería para que te mantenga tu patio en buen estado o llamar a pedir una pizza— estás delegando. Incluso cuando compras ropa en un almacén en lugar de hacerla tu mismo, ¡estás delegando! Casi todas las veces que gastas tu dinero estás delegando a alguien para que haga algo por ti.

La pregunta es: *¿estás delegando lo suficiente?* Si estás empleando tu tiempo básicamente en hacer todas las tareas para prevenir inconvenientes, y alguien más las puede realizar por ti, estás perdiendo la posibilidad de utilizar tu tiempo para avanzar en tu negocio, en relaciones importantes, y en tu vida. Cuando no delegas de manera efectiva, estás renunciando a la oportunidad de invertir tu vida para mejorar y ganar.

Por supuesto que hay mucho por analizar cuando decides delegar. Por ejemplo: ¿vas a elegir a alguien que está más *disponible* que tú? ¿Es *urgente*? ¿Hay *tiempo suficiente*? ¿Es esa persona *más talentosa o cuenta con mayores habilidades* que tú en lo que necesitas? ¿Es importante *la calidad*? Si es una cuestión profesional: ¿es necesario que quien va a realizar esa tarea tenga la formación académica necesaria? ¿Qué sepa planear, aprender o desarrollar el trabajo que le asignes? ¿Cuánto le costará a tu organización que tú mismo lo hagas o que contrate a otra persona para hacerlo? Pero la pregunta primordial es: *¿qué más podrías estar haciendo con tu tiempo si no estuvieras realizando esa tarea?* La mayoría de las veces la mejor respuesta sería: haciendo algo que te represente una ganancia.

El resultado de una tarea que te represente ganar es alcanzar un sentido de *liderazgo* en tus asuntos personales, en tu negocio, profesión, relaciones —y encontrar tiempo para el liderazgo es difícil sin delegar. ¿Te has imaginado alguna vez dónde podrías encontrar el tiempo para adquirir nuevas ideas, para trabajar sobre un asunto pero no en el asunto mismo, para *mejorar en* los negocios pero *no haciendo* negocios a diario, para desarrollar *otras* estrategias en lugar de jugar a la rueda de la fortuna perdiendo el tiempo haciendo lo mismo y de la forma acostumbrada?

> Delegar es cuando ha llegado el tiempo de dar un paso más para que puedas avanzar en tu camino.

¿Qué deberías delegar para tener más tiempo y mejorar tu experiencia en determinada área? Si tuvieras más tiempo, ¿en qué sería provechoso para ti alcanzar un estatus de experto? ¿Qué nuevas soluciones les aportarías a tus empleados o clientes? Entre más valiosas sean esas soluciones, más valioso serás tú también.

Delegar es una herramienta fundamental. Muchas veces la limitación del tiempo es el obstáculo #1 para aprender, crecer y alcanzar metas. Por eso es que delegar es la estrategia clave que te habilita para invertir tiempo llevando tu vida hacia delante para no quedarte siempre en el mismo lugar.

Aprendí esta lección hace varios años cuando mi negocio estaba despegando. El teléfono sonaba todos los días y se me presentaban oportunidades de hacer mis conferencias. Esa era una señal de una sana economía, así como de la buena reputación que había construido a través de varios años satisfaciendo a los clientes con buen servicio. ¡Me sentía muy bien! Había estado trabajando duro, haciendo llamadas en frío durante los primeros años, y mis esfuerzos estaban dando por fin resultados. De hecho, estaba teniendo tanto trabajo que tenía un contestador que les brindaba a mis posibles clientes toda la información sobre fechas disponibles para hacer mis presentaciones y les sugería que me enviaran un correo electrónico para confirmar mis servicios. Lo hacía así deseando que todo marchara bien ya que no tenía tiempo suficiente para discusiones profundas acerca de mis contratos ni para largas llamadas para cerrar negocios.

Estaba dictando conferencias o haciendo entrenamientos cuatro y cinco veces por semana, lo cual significaba personalizar material, preparar folletos y planear viajes durante la noche o en los fines de semana. Aunque estaba emocionado con mi negocio, las largas horas me estaban matando —y sabía que necesitaba ayuda. El problema obviamente era sacar el tiempo para contratar a la gente adecuada que me ayudara. Tenía temor de contratar a alguien que no hiciera bien su trabajo y después tener problemas con empleados, encima de todo el trabajo que ya tenía. Pasaron algunos meses de muy poco sueño y demasiado estrés. No solo tuve que delegar algunas de mis responsabilidades a alguien más sino que además también me tocó delegar la tarea de encontrar a la persona correcta ¡porque no tenía el tiempo para buscarla!

Por fin llegué al punto más álgido y entonces ideé un plan muy sencillo y me guié por él. Comencé con unas niñeras. Mi esposa, quien tiene una Maestría en Finanzas, estaba ocupada hasta el techo con su rutina habitual en la crianza de nuestros cuatro hijos pequeños todavía en casa. Así que el primer paso a seguir fue llamar a mi hermana, que trabaja en una escuela de Secundaria. Ella nos enviaba a diario y después de la jornada escolar a distintas estudiantes dispuestas a ayudar con el cuidado de los niños, supervisándolos y entreteniéndolos de 3:00 a 5:00 de la tarde (por no más de $10 dólares la hora). Esto le daba a mi esposa dos horas diarias para hacer lo que yo no tenía tiempo: encontrar nuestro primer empleado. Ella consultó durante semanas ciertas direcciones de Internet relacionadas con la clase de profesional que necesitábamos y recibió un promedio de 400 hojas de vida. Luego investigó a todos los aspirantes en las redes sociales buscando al candidato con el perfil adecuado para nuestro negocio, que tuviera la personalidad que se ajustara a la nuestra, y con las habilidades necesarias para ayudarnos. Fue así como redujo esa cantidad de solicitudes a 15 y me las mostró.

Yo elegí cuatro hojas de vida que parecían justo lo que necesitaba. Entrevistamos a cada persona —¡y al fin contraté a una! Al fin teníamos nuestra nueva asistente ejecutiva lista para ayudarnos a ponernos al día en todo lo necesario, y en pocos días ella ya estaba haciendo los arreglos necesarios para cada uno de mis viajes y además tomó a su cargo toda la contabilidad y el mantenimiento de mi página en Internet.

Entonces mi esposa comenzó a utilizar el tiempo de la niñera para trabajar a diario en nuestro negocio. Pasé en el trascurso de unas pocas semanas, de ser el único en el negocio, a tener una asistente ejecutiva y una consultora de medio tiempo con una Maestría en Finanzas. Luego fuimos contratando otros profesionales y comencé a sentirme de nuevo como una persona normal.

En solo unos meses mi negocio había alcanzado un punto insostenible de crecimiento. Delegando de la manera adecuada logré sostenerlo y empezamos a crecer. Con el control de las tareas para prevenir inconvenientes —como la planeación de mis viajes, enviar cuentas de cobro, hacer propaganda— en manos de otra persona, yo estaba libre para pensar hacia dónde quería dirigir mi negocio y para planear tareas que me reportaran ganancias.

*Administrar* mi negocio estaba tomando todo mi tiempo, pero necesitaba *liderarlo*. Al delegar tuve tiempo para ejercer el liderazgo que me ayudaría a moverme hacia la siguiente etapa.

## ADMINISTRACIÓN *VERSUS* LIDERAZGO

¿Cuál es la diferencia entre administración y liderazgo y qué tiene esto que ver con la diferencia entre ganar y prevenir inconvenientes y administrar tus decisiones?

Como hemos visto, las tareas preventivas mantienen tu vida o negocio *como son hoy*. Pagar tu hipoteca, lavar tu ropa, llegar a tiempo al trabajo y entregar tus informes en las fechas acordadas, todas se centran en mantener tu *statu quo* y tu vida tal cual es ahora.

Si llevas a cabo estas y todas las demás tareas que te ayudan a prevenir, estás haciendo un gran trabajo para administrar tus asuntos personales y tu trabajo sin tener que enfrentar las consecuencias de retrasarte en tus responsabilidades. Administrar tiene que ver con *mantenimiento* —con mantener las cosas como están en la actualidad. Si todo lo que haces durante los siguientes cinco años es mantenerte, ¿cómo serán tu vida y tu carrera dentro de media década? Bastante igual a como son hoy. Y quizá no sea malo para ti, no estoy desacreditando el resultado de una buena administración pues tener una vida, un negocio o una relación bien administrados, es algo por lo cual sentirnos orgullosos. La buena administración es vital para ser exitosos en todo, pero eso *no es liderazgo*. Si quieres que las cosas sean mejor en el futuro de lo que son hoy, necesitas ejercer tu liderazgo.

Si administrar significa mantener, entonces liderar es *mejorar*, —continuar hacia delante, avanzar de donde te encuentras ahora y hacer que todo sea mejor. ¿Qué quisieras que fuera mejor en tu vida dentro de cinco años? La respuesta a esa pregunta reside en todas las tareas que decidas hacer para ganar.

> Administrar es mantener las cosas igual
> que como están hoy.
> Administrar = Mantener
> Liderar es continuar hacia delante y no
> quedarte donde estás hoy.
> Liderar = Mejorar

¿Estás decidiendo deliberadamente hacia dónde guiar tu vida? ¿O estás solo administrándola y asegurándote de mantenerte con los requerimientos mínimos para prevenir inconvenientes en tu diario vivir?

Deberíamos hacernos esa pregunta en cuanto a los negocios con mayor frecuencia de lo que nos la hacemos hoy. He conocido mucha gente de negocios a lo largo de los años que estaba dotada para ejercer un papel de liderazgo pero que, por el contrario, se encargó de empeorar las cosas ¡a punta de pésimas decisiones! Dejaron empresas en la quiebra, acabaron con todas las ganancias, les costaron a sus organizaciones millones de dólares y perdieron a sus mejores clientes. Eso no es liderazgo, es *mala* administración, la cual culmina en decadencia y deterioro. El verdadero liderazgo no depende de un título ni de una posición. Tener una posición de autoridad en un grupo *te da la oportunidad* de tomar decisiones que mejoren las cosas y las cambien para bien. Pero si en lugar de mejorar, *empeoran* como resultado de tu liderazgo, entonces tú no eres un líder.

Esta verdad basa el vago concepto de liderazgo en *resultados*: un líder debe producir excelentes resultados. Si has tomado sabias decisiones, identificado las tareas que te producen ganancias, y vas camino hacia alcanzar tus metas, entonces en realidad te estás *liderando a ti mismo* y vas camino a un mejor estilo de vida. Si has crecido y tu negocio se ha estado desarrollando, entonces has puesto a prueba de manera exitosa tu capacidad de *liderazgo*, independientemente de cuál sea tu posición o cargo. El verdadero liderazgo no requiere de títulos. Si tú quieres ser un líder, todo lo que tienes que hacer es hacer que las cosas sean mejor. Y todo miembro de un grupo sabe distinguir quién está haciendo *que todo mejore*, quién está empeorando la situación, y quién está haciendo un gran trabajo de administración o manteniendo el estado de las cosas. Todo el que es capaz de hacer cambios positivos es un líder. Los cambios en economía, tecnologías, tendencias, ciclos, y en las condiciones de bienestar de los empleados, también requieren cambios y mejoramiento en la manera de funcionar. Los líderes tienes las agallas para implementar cambios y proponer nuevas ideas para el futuro de la organización a la cual representan.

Esta definición de liderazgo significa que *cualquier* miembro de una organización tiene la capacidad de liderazgo, siempre y cuando se enfoque en mejorar su empresa o lugar de trabajo. Pero esto nos enfrenta a una pregunta:

> ¿Quién puede ser un líder en el contexto
> de tu vida, excepto tú?

Hacer lo que necesitamos a diario para mantener nuestra vida es *administración,* pero no es lo que nos define como individuos sino lo que nos hace *iguales* a los demás. *El liderazgo personal* consiste en hacer lo que no tenemos que hacer para liderarnos a nosotros mismos con el fin de progresar y crecer a diario. Es ahí donde adquirimos identidad propia y nos diferenciamos de los demás. Si no obtenemos nuestra identidad de las tareas que nos convierten en ganadores, entonces la obtendremos de las comparaciones que hacemos de nosotros mismos con los demás, lo cual produce negativismo, desinformación, envidia, depresión, superioridad o inferioridad. Debemos adaptarnos, crecer y mejorar constantemente para que todo a nuestro alrededor mejore para bien, y para evitar estancarnos, y la forma de lograrlo es liderándonos a nosotros mismos, y ganando, —tema del que hablaremos en el siguiente capítulo.

## EL ÚNICO EJERCICIO QUE TE PEDIRÉ QUE HAGAS A LO LARGO DE ESTE LIBRO... ¡LLUVIA DE IDEAS!

Antes de continuar quiero que pienses un poquito más y durante unos minutos en las tareas para ganar. ¿Cuáles son esas tareas en busca de ganancias que estás realizando para conseguir llevar tu vida hacia la siguiente etapa? ¿Qué haría que tu vida fuera mejor? A lo largo de este libro estaremos explorando de qué manera aquello en lo que estás invirtiendo tu tiempo genera la calidad de vida que quieres —y cómo alcanzarla insertando en tu diario vivir tareas para ganar. También veremos en qué forma tus quehaceres diarios también son susceptibles de transformarse a la vez en maneras de mejorar tu vida.

Para prepararte para esto, toma entre 5 y 10 minutos y haz una lluvia de ideas de maneras de ganar que harían más placentera tu vida de lo que es hoy, sin importar cuánto tiempo te tomaría lograrlo —y *escribe todo* lo que venga a tu mente. Piensa en ganancias a corto y largo plazo, tanto a nivel personal como profesional. Piensa en tu carrera, en tu vida familiar, relaciones, hogar, salud, viajes, pasatiempos, intereses, finanzas, comunidad, círculo de amistades, vecinos, etc. Deben ser cosas que de verdad te gustaría experimentar. Entre más imagines, mejor será tu lista.

Recuerda, pensar en todas las posibles formas en que tu vida mejoraría no significa que estés insatisfecho con lo que tienes en la actualidad. Solo significa que estás buscando formas de mejorar y avanzar para alcanzar nuevas metas y seguir mejorando. Invierte unos minutos pensando en cómo sería tu vida si cumplieras una o dos o *todas* tus metas.

Tus metas, o tus tareas para obtener ganancias, son tan diversas como ir a una escuela de leyes, escalar una montaña, aprender otro idioma, adoptar un niño, pintar réplicas de cuadros famosos. Lo que hayas pensado, mantelo en perspectiva y *conserva tu lista*. A lo mejor quieras referirte a alguna en especial o agregar otra a medida que avanzas en esta lectura y adquieres una visión más amplia de todo lo que es posible hacer para ganar.

# Capítulo 2

# De ti depende

# Evita el agotamiento y crea balance

*"Para mí, si la vida se resumiera en una sola palabra, sería movimiento. Vivir es mantenerte en movimiento".*

—Jerry Seinfield

En este punto ya deberías tener claro cuáles son las tareas que realizas con el fin de ganar y cuáles para prevenir. Sin embargo también debe habérsete vuelto muy claro que estás tan ocupado con todo lo que debes hacer para evitar inconvenientes ¡que pareciera que ganar es llevar a cabo todo lo que tienes que hacer para no tener problemas! Escucho decir mucho esto durante mis presentaciones. La gente dice cosas como:

—"¿Cómo hago para ganar y que me quede tiempo para mantenerme? ¡Siento que no lo estoy logrando!".

—"¡Sería feliz si solo pudiera hacer todo lo que tengo que hacer!".

—"Tengo tanto por hacer en mi trabajo y en mi casa que ya estoy corto de tiempo".

—"Mi lista de metas está sepultada debajo de un arrume de cosas que tengo que hacer".

## ¿ENTONCES POR QUÉ INSISTIR EN GANAR?

Es cierto que intentar ganar cuando estás sepultado entre una larga lista de cosas para prevenir desastres parece imposible o sádico. La mayoría de la gente, después de un largo día de trabajo, trata de pasar tiempo con su familia al mismo tiempo que enfrenta la pregunta siempre presente de qué preparar para la cena antes de dedicarse a los quehaceres del hogar, arreglar la casa y pagar las cuentas. Después de todo eso es difícil imaginar que es posible encontrar la energía para hacer algo más inteligente que ver televisión antes de ir a la cama a disfrutar de esas 7 horas de descanso... solo para volver a comenzar de nuevo a la mañana siguiente. Ir tras tus sueños a largo plazo es lo más lejano que podría ocurrir cuando estás en el punto más alto de cansancio y frustración con tus deberes cotidianos. Es muy difícil pensar en ganar cuando esperamos a que toda nuestra energía se acabe previniendo inconvenientes. Sin embargo, si lo *único* que haces es prevenir, en algún momento comenzarás a sentirte desbalanceado, lo cual implica que también estarás *agotado*.

Llegar al agotamiento es un problema potencialmente muy costoso, en especial cuando afecta la salud. Algunos hasta comienzan a consumir antidepresivos y medicamentos para contrarrestar la ansiedad; otros se sienten agotados como síntoma de la crisis de la mediana edad y se dedican a nuevas actividades como por ejemplo a tomar lecciones de buceo, practicar deportes automovilísticos o de motocicleta. El agotamiento causa consecuencias sicológicas y físicas dolorosas. La gente se siente de esta manera cuando ha estado en medio de una rutina pesada durante largo tiempo, haciendo lo mismo día tras día sin ver ninguna clase de progreso. *La rutina es la ausencia de progreso en la vida.* Cuando sientas que has estado trabajando demasiado durante mucho tiempo sin lograr nada, te sentirás agotado. De hecho, *no solo tu vida está estancada* sino que tu perspectiva negativa te causa daños en tus relaciones interpersonales. Tu salud comienza a deteriorarse debido a tus manifestaciones físicas de estrés. Tu capital comienza a esfumarse porque haces inversiones impulsivas para satisfacer tus necesidades de emociones fuertes o por mantenerte ocupado unas horas, pero sin motivación ni deseos de trabajar.

Así que ¿cómo eliminas el agotamiento teniendo tanto por hacer, administrar y mantener? ¿Cómo encuentras balance? La respuesta es: *buscando ganancias para*

tremos —aquellas que trabajan entre 60 y 100 horas por semana en altas posiciones con salarios elevados— reportan que les encanta lo que hacen pero se sienten presionadas. Son personas que se proponen obtener ganancias diarias en su trabajo. Y como trabajan en extremo, también reportan que suelen hacer escapadas extremas, cuando son necesarias. Hay quienes toman vacaciones a lugares remotos, como por ejemplo a las zonas alejadas de noreste de Canadá, donde no hay señal de teléfonos celulares ni conexiones a Internet, para tratar de desconectarse por completo de la oficina y se aseguran de que no haya ni la menor posibilidad de comunicación móvil. Se enganchan en la práctica de deportes extremos o riesgosos para olvidarse de las presiones del trabajo. Me da la impresión de que trabajan hasta que están medio muertas durante la semana y luego se ponen en riesgo durante el fin de semana, pero son personas que *solo persiguen ganancias*. Sobreviven a horas de trabajo extenuantes y a los esfuerzos que les demandan las metas empresariales, y para lograrlas avanzan a diario sin medir lo que tengan que hacer con tal de ver los resultados. Es obvio que no todos los que trabajan de esa manera reportan que son así de comprometidos. Muchos jóvenes ejecutivos renuncian al quinto año en cargos de esa altura para ir en búsqueda de empleos que demanden menos, cansados por las interminables horas y las altas demandas de trabajo que ponen en peligro su salud y vida familiar. En Japón la muerte por exceso de trabajo ha ocurrido con tanta frecuencia que ya hasta existe un término para el caso: *karoshi*.

Sin embargo alguna gente que trabaja en horarios bastante normales reporta todo el estrés y la depresión asociados con los síndromes de agotamiento y sobrecarga en el trabajo. Existen gran cantidad de artículos dirigidos a mujeres estresadas y a hombres fuera de balance sugiriéndoles soluciones y respuestas —como tomar más agua, ingerir dietas balanceadas y buscar oportunidades para disfrutar del sol— que les ayuden a crear un equilibrio entre el trabajo y la vida personal. Aunque hacer todas esas cosas contribuye a mejorar la salud y a reducir el estrés, no sirven para curar el sentimiento de que las recompensas que recibes en la vida no compensan tus esfuerzos.

## GANAR ES LA RESPUESTA ANTE LA FALTA DE DESBALANCE

*El único que puede crear balance en tu vida eres tú.* Y la única forma de crearlo es haciendo que tu vida sea mejor hoy de lo que fue ayer. Y lo logras buscando ganar. Piensa en la última vez que pensaste que tu vida era mejor en ese momento que el día anterior. A lo mejor fue después de tu graduación, de conseguir un nuevo empleo, recibir un ascenso, conseguir un cliente, recibir un premio, tomar unas vacaciones formidables, correr una maratón, presidir un gran evento, comenzar una relación, unirte a un voluntariado, ayudar a un niño a subir una escalera, resolver un problema añejo con una mentalidad fresca, o simplemente al haber hecho una buena sesión de entrenamiento o recibir felicitaciones por un trabajo bien hecho. Todos esos son momentos en que te sentiste *balanceado* porque trabajaste en función de una meta, produjiste los resultados que querías y lograste mejorar tu situación (y es posible que también la de alguien más).

Avanzar hacia nuestras metas *nos proporciona balance* y entusiasmo para continuar. También nos da la certeza de que no perdimos el tiempo, identificamos hacia dónde queríamos ir y hemos hecho algo al respecto en lugar de quedarnos estáticos y nada más envejeciendo. El impulso y los resultados producidos por el deseo de mejorar nos inspiran para querer obtener más logros al siguiente día.

> **El balance es ese sentimiento que surge cuando te sientes satisfecho en donde estás y hacia donde te diriges.**

Esa es otra forma de entender lo que es balance y ocurre cuando te encuentras a gusto con la manera en que estás invirtiendo tu tiempo y recursos. Es el equilibrio entre los "tengo que" y los "no tengo que" correspondientes a mantenerte o ganar, respectivamente. Es la diferencia entre administrar y liderar. Surge cuando pones todo de tu parte para perseguir y alcanzar tus metas, ver que tu vida mejora; saber que todos los esfuerzos que haces alcanzan para mucho más que solo mantenerte y permanecer estático. A medidas que tomas tu vida de ese lugar en el que te quedaste estancado y decides avanzar hacia tus metas, te emocionas al ver los resultados, sientes paz mental porque sabes que al fin has hecho algo que considerabas que era importante para ti.

El balance y satisfacción que surgen de ir tras las metas y mejorar es único para cada individuo. Es aquello que hace que la vida de una persona sea mejor aunque ese mismo motivo no sea la causa de balance para otra. Por ejemplo, para alguien en particular, su sueño es comprar una casa más grande, pero a su vez habrá otra persona que esté añorando reducirse a una vivienda más pequeña. Así que un lugar grande no siempre es sinónimo de mejor. Todo tiene que ver con *movimiento*, con llevar tu vida en la dirección en la que quieres ir y experimentar el entusiasmo y euforia que surgen de ello. Cuando un amigo te dice: "Tengo una meta", lo que en verdad te está diciendo es: "Lograr esto que quiero hará que mi vida sea mejor".

Siempre hay espacio para mejorar, para la ingenuidad y la aventura, para crecer en el plano profesional y en el personal. Lo mejor que puedes hacer para combatir el agotamiento y el estrés —y sentir que hay en tu vida un balance entre lo que tienes que hacer y lo que te hace sentir vivo— es buscando *formas continuas para incrementar tus resultados en alguna área específica*.

Todo esto es importante porque las responsabilidades y las preocupaciones nunca terminan. De hecho, parecen aumentar a medida que nos hacemos mayores. Piensa en todo aquello que parece *empeorar* con el paso del tiempo. Si algo está en el proceso natural de deterioro, y tú no lo mantienes activo y en buen estado, en algún momento morirá.

La realidad de envejecer es que la salud se convierte cada vez en un reto más constante. Desde el punto de vista científico todos nos envejecemos y declinamos poco a poco, día a día. Los estudios demuestran un incremento exponencial de inversión de tiempo y dinero en el área de la salud después de los 50 años de edad. Si no haces ejercicio constante ni mantienes tu estado físico ni tu salud mental, entonces cada año que pase tu salud estará en peores condiciones que el año anterior.

Mantener una buena apariencia física también va requiriendo de más tiempo. Los americanos gastan un promedio de $33 billones de dólares al año en productos relacionados con la edad y la belleza, y en cirugías cosméticas invierten un promedio de $10 billones anuales.[1]

La demencia y otros asuntos relacionados con la salud mental y la vejez producen el 22% de las hospitalizaciones y tienen un costo de $11 billones de dólares en cuidados y seguros médicos al año.[2] Tú puedes retrasar el proceso de envejecimiento y mantenerte, e incluso mejorar tu apariencia o tu salud trabajando en ello, aunque no escapes por completo de esa realidad.

Y claro, no se trata solo de tu salud. A menos que te mudes a nuevas construcciones año tras año, tu hogar también se deteriora, lo cual significa que también requerirá de mantenimiento y reparaciones con el paso del tiempo. Los desastres naturales, como huracanes, inundaciones, sequías, tornados, terremotos, etc., causan daños que exigen arreglos, reconstrucción y reacomodamiento. Nadie necesita de un libro de Historia para acordarse de la variedad de desastres naturales que han causado que muchas personas enfrenten todos estos retos año tras año.

A medida que envejecemos las relaciones interpersonales también se van haciendo más difíciles. Además se requiere de mayores esfuerzos mantenerlas debido a que la gente se traslada de un lugar a otro, se ocupa y vive atada a todas las responsabilidades propias de la vida.

Lo anterior es especialmente cierto en el ejercicio de cada profesión y en los negocios. ¿Qué ocurriría si tú no procuraras avanzar en tu profesión? Si permites que tus habilidades permanezcan estáticas —mientras tus competidores avanzan y desarrollan nuevos métodos de servicio, toman ventaja de las nuevas tecnologías, abren nuevos mercados, etc.— entonces perderás tu clientela a medida que tu negocio o carrera declinan, y en determinado momento mueren. No es muy buena opción quedarte siendo el mismo a pesar del paso del tiempo; necesitas mejorar y mantenerte siempre vigente; de lo contrario te volverás irrelevante y morirás desde el punto de vista laboral y productivo.

La verdad es que muchas cosas se deterioran de manera natural a lo largo de la vida. Si tienes problemas en por lo menos *una* de las áreas de tu vida, corres el riesgo de quedar por fuera, ¡pero pensar en mantenerte al día en todo es bastante extenuante!

Sin embargo, sin hacer esfuerzos continuos para ir en busca de tus metas y de progreso, gastarás una gran cantidad de tiempo y enormes esfuerzos en mantenerte y tratar apenas de permanecer donde estás sin perder terreno. *A menos que estemos trabajando constantemente para mejorar en alguna área, estaremos enfocados solo en mantener actualizado aquello que tiende a empeorar de manera natural con el paso del tiempo.* Vivir exclusivamente en función de esto nos causará estrés, agotamiento, resentimiento, remordimiento y depresión —no depresión clínica sino el sentimiento desesperanzador de que ayer fue mejor que hoy. Todos lo hemos experimentado de una forma u otra y proviene como resultado de estancarnos; de enfrentar circunstancias que nunca pensamos encontrar en el camino, de sentir que nuestros esfuerzos no se ven compensados con los resultados.

¿Podemos en realidad ser felices sin la esperanza en que el futuro será mejor que hoy? Tu vida no tiene que ser *horrible* para desear que sea mejor mañana. Puede ser espectacular y feliz, con un trabajo que te hace sentir realizado, con familia, amigos, y un buen nivel financiero. Incluso puedes ser alguien influyente. Pero si siempre tienes ese sentimiento de: *"¿Esto es todo? ¿Es esto lo mejor que puede ocurrirme?,* entonces tu mañana será peor que hoy y pasado mañana peor que mañana y así sucesivamente —¡y terminarás siendo miserable! De verdad que no veo cómo eres feliz hoy si esa no fue tu visión de futuro.

¿Es la felicidad solo cuestión de bienestar personal? ¿O también aplica al campo de los negocios? Las estadísticas demuestran que la depresión les cuesta a los empleadores

$44 billones de dólares anuales en términos de la disminución de la producción, lo cual la convierte en las enfermedad más costosa que afronta toda compañía. Opuesta a esta realidad también está la de que, también según las encuestas, los empleados que se sienten más felices son asociados con altos niveles de ganancia, productividad, retención y satisfacción del cliente.[3] A esto se debe precisamente que el procurar tener balance en la vida, al igual que alimentar los sentimientos de satisfacción y felicidad tienen un impacto positivo no solo en ti como individuo sino también en la organización a la cual perteneces.

¿Pero cómo llegas a ese punto? No solo es cuestión de trabajar más duro para salir del atolladero. Necesitas cambiar de dirección y trabajar en función de nuevas metas ya que ellas son el mejor camino para alejarte de la depresión. Las metas mejoran nuestra perspectiva y alivian ese sentimiento de haber trabajado bastante y logrado nada. Cuando trabajas en función de ganar, terminas el día sintiendo que avanzaste y hay más por hacer y vuelves a sentirte en equilibrio y energizado —y a creer que mañana será mejor que hoy, que *tú* eres mejor hoy que ayer. Te da esperanza en el futuro. Te hace ir a dormir sabiendo que como estás trabajando duro, las cosas están mejorando. Eso es balance. *¡Eso es satisfacción y felicidad!*

## GANAR Y PREVENIR INCONVENIENTES DEBEN FUNCIONAR JUNTOS

La sensación de balance surge cuando has hecho lo que tenías que hacer para mantenerte y prevenir inconvenientes *y además* has hecho algo que no tenías la obligación de hacer pero te ayuda a avanzar hoy. Mucha gente anda en busca de balance, pero el balance no es algo que simplemente se consigue. Tú tienes que crearlo ase

gurándote de estar buscando resultados que justifiquen
tus esfuerzos. Hacer enormes esfuerzos solo para mantenerte donde estás en algún momento produce agotamiento. Sin embargo, si tus esfuerzos están enfocados *en
producir resultados significativos y estás avanzando para
alcanzar tus metas* a diario, entonces toda esa cantidad
de esfuerzos vale la pena.

Con frecuencia tratamos de balancear metas y resultados con *mantenimiento* —los "no tengo que" con los "tengo que". Y debido a que las metas son diferentes y únicas
para cada persona, no existe organización ni empleador
que puedan ofrecerles a sus empleados balance entre su
trabajo y su vida personal. ¡Nadie puede darte eso!

Así que más tiempo libre, mayores beneficios, bonifi-
caciones y flexibilidad en los horarios no te darán la certeza de balance en lo que haces, a menos que uses todas
esas ventajas que te ofrecen para mejorar tu vida.

Identificar tus metas y trabajar en ellas a diario ali-
viarán tu agotamiento. Con cada pequeño paso verás un
avance y te sentirás más impulsado a lograrlas. Estás en
movimiento y progresando, y el propósito de tus esfuerzos se hace cada vez más evidente. Tienes algo de qué
hablar y en qué pensar. Tus pensamientos siempre están
gravitando hacia cómo alcanzar cada meta y en cómo
tu vida mejorará una vez hayas logrado tus propósitos.
Estás usando tus recursos para mejorar en lugar de quedarte estático. *La satisfacción de una vida en movimiento
se logra creando balance en todo.* Moverte hacia algo significativo que mejore tu vida, tu trabajo, tu organización,
tu familia y todo lo demás que te rodea, es lo que hace
que la depresión, el agotamiento y el estrés se desvanez-
can y den paso a una vida balanceada.

De hecho, los estudios han demostrado que el motivador más importante que los empleados experimentan no
es la promesa de aumentos salariales ni de ascensos sino
el sentimiento de progreso diario hacia una meta importante. Este sentimiento va ligado a la posibilidad de que
exista mayor creatividad y mejor calidad de trabajo. Sin
este sentimiento de progreso y cumplimiento de metas la
gente pierde la motivación para continuar haciendo un
trabajo constructivo y el agotamiento comienza a ganar
terreno.[4]

Hasta los pasos más pequeños te mantienen balanceado e incrementan tu calidad de vida, y no tan solo tu
trabajo. No necesitamos tener balance entre trabajo y
vida porque el trabajo es parte de la vida. Lo que sí necesitamos es balance entre sobrevivir hoy y avanzar hacia
un mejor mañana. Si logras identificar maneras en las
cuales siempre estés mejorando en algún aspecto —no
importa qué tan pequeño sea— entonces tu balance es
real. La clave para comenzar tu jornada de mejoramiento
y hallar balance es identificar las oportunidades que la
vida te presenta para ganar, y luego organizar metas en
orden de prioridades y hacer un plan para alcanzarlas.

# Capítulo 3

# Priorizando tareas según los resultados

- - - - - - - - - - - - - - - - - - - - - - - - - - - - - - - - - - - - - -

*"Rara vez tienes tiempo para todo lo
que quisieras hacer en la vida, así que
tienes que elegir. Y ojala tus elecciones
provengan de la esencia de quien tú eres".*
—Fred Rogers

- - - - - - - - - - - - - - - - - - - - - - - - - - - - - - - - - - - - - -

En qué momento de tus quehaceres mañaneros te preguntas: "¿Qué tengo que hacer hoy?" Cuando tienes frente a ti una lista de tareas tan larga que es imposible lograr hacerlas todas, te has preguntado: "¿Qué es lo más *urgente* hoy?" Mucha gente prioriza sus quehaceres diarios preguntándose: "¿Hasta cuándo tengo plazo para esto?" Y mientras más cerca la fecha, mayor prioridad recibe el asunto a tratar. Ese es el método más común para priorizar en orden de urgencia.

Si has observado los modelos para priorizar utilizados en ciertos enfoques administrativos, entonces sabrás que las letras A, B y C han representado por tradición el grado de urgencia o la fecha límite para realizar ciertas tareas. Una tarea cuyo plazo venza *de inmediato*, es decir *hoy*, recibe el grado de prioridad A; las que vencen pronto se categorizan como B; C es para las que se vencen las semana siguiente e incluso el próximo mes. Así que en realidad lo único que haces al convertir una C en una A usando este enfoque, es procrastinar. Te estás diciendo: "No lo hagas *ahora*, espera, se convertirá en A en algún momento, todavía tienes tiempo, ya llegará la hora de ocuparte de eso". Si lo ves de esa manera, parece que el asunto no es tan importante, nadie te preguntará por él, pero se te volverá urgente si esperas hasta que se venza el plazo —¡o incluso se te pase la fecha de vencimiento!

Este sistema para priorizar hace que el ciclo de vida de una tarea sea el siguiente:

—¿Esto se vence en un mes? Ah, es una tarea C. Tengo 30 días. No lo olvidaré. Es importante, pero tengo todo un mes, así que no voy a enfocarme en eso ahora...

—Se vence la próxima semana, ¿cierto? Ah, bueno! Asignémosle una B. Lo pondré en mi radar. No puedo darme el lujo de olvidarlo porque es para la otra semana. ¡Es importante! Pero bueno, es B y tengo otras cosas que hacer; trabajaré en los A de hoy y esto tendrá que esperar...

—¡¿Se vence hoy?! ¿Qué me pasó? Bueno, ¡ese va a ser mi asunto A más importante para hoy! Dejaré pendiente lo que tenga en este momento con tal de hacer esto —¡de lo contrario estaré en problemas! ¡Lo haré ya mismo!

Como verás, todo lo que hagas se convertirá en A según este enfoque. Y cuando todo en la vida es A, ¿cómo sabes qué es realmente importante y qué no lo es? Así es como vive la gente cuando se ocupa de sus asuntos a última hora: no se presentan a ninguna cita porque de repente se acuerdan que tienen un asunto importante que atender en otra parte. Se pierden de cosas que deberían ser importantes para ellos por atender a otras que no lo son. Se han desensibilizado del valor que tiene cada situación por atender, viven estresados y bajo presión intentando alcanzar a hacer todo lo que tienen pendiente —y como resultado sienten que no complacen a nadie. Son el tipo de persona que llega tarde con frecuencia a donde sea porque siempre está tratando de cumplir con todo lo que tiene atrasado. ¿Conoces gente que vive de esa manera? ¿Eres *tú* así?

Durante mis conferencias suelo contar una historia hipotética y divertida acerca de sacar la basura. Digamos que el camión de la basura pasa el lunes por tu vecindario. El domingo por la noche, cuando estás bien cómodo y relajado en el calor de tu hogar, ¿sacar la basura es un evento A, B o C? Para la mayoría de la gente es C. Si te olvidas de sacarla antes de irte a dormir, se te convierte en B el lunes en la mañana. ¡Todavía te quedan una cuántas horas antes de que pase el recogedor de basura! Pero ¿qué pasa cuando de repente escuchas que el camión ya viene por tu calle? ¡Se te acabó el tiempo, mi amigo! Te ves forzado a correr por la calle gritando detrás del camión para que te espere mientras los recolectores recogen la demás basura y a ti te toca casi echar la tuya tú mismo porque el camión ya va a dar la vuelta a la esquina. ¡Lo lograste! ¡Bravo! ¡Qué hazaña! ¿No fue emocionante? ¡Felicitaciones, sacaste la basura! De acuerdo con el límite de tiempo, acabas de realizar una tarea tipo A y ya puedes tacharla de tu lista de hoy. Deberías sentirte bien por eso. Sin embargo, en realidad ¿qué lograste? No mucho, solo sacaste la basura. ¿Y adivina qué? Otra bolsa de la basura ya se te está volviendo a llenar para que la saques la semana entrante.

Por eso es que priorizar bajo el concepto de fechas de vencimiento no funciona. Como habrás notado, entre más cerca estemos de una fecha de vencimiento, mayor prioridad le damos al asunto, pero la esencia de dicho asunto no cambió *en sí misma*, es solo que con este sistema el asunto se va volviendo crucial a medida que la fecha de vencimiento se acerca. Este método te da la ilusión de estar siendo productivo cuando en realidad no estás generando ningún resultado *importante*. Te da un falso sentido de logro, pero no le agrega valor a tu vida. A esto se le llama *drama*, el cual ocurre cuando le das a algo más tiempo y atención de los que merece si evalúas los resultados que eso te produce. Drama es *no saber priorizar*.

Recuerda el primer atributo de una tarea para ganar: ¡nunca es urgente! Las cosas que te traerán los mayores resultados en tu vida no tienen una fecha límite.

## UN NUEVO SISTEMA PARA PRIORIZAR

Para priorizar de manera efectiva no puedes basarte en las fechas límite ni en la urgencia sino en los *resultados*. Necesitas darle valor y orden a cada evento con anterioridad a que ocurra. Para esto es importante que te hagas nuevas preguntas como: ¿Qué resultados produce está tarea en tu vida? ¿Qué actividades son las que te producen los más altos resultados?

El siguiente es un nuevo método para priorizar: A, B y C deberían representar *los resultados* que una tarea te produce después de haberla realizado. A representa todas tus tareas para ganar algo, las que producen los resultados más significativos. A representa resultados extraordinarios y no fechas de vencimiento al límite. Cuando mires hacia atrás el día de tu cumpleaños #100, recordarás todas tus tareas A.

Tanto B como C son tareas que "tienes que hacer" para prevenir inconvenientes, tareas que alguien —o algo— te recordará que debes hacerlas, si no las haces. Las dos tienen cierto grado de urgencia, pero hay una diferencia: alguien, en algún lugar, está llevando el récord de *cuándo* terminaste esa tarea B. En otras palabras: no solo tienes que hacer tu tarea categoría B sino que tienes que hacerla *bien y a tiempo* porque está quedando documentada. Por ejemplo, entregar tu informe mensual en tu lugar de trabajo es una tarea B. La gente notará si la entregaste o no a tiempo. Pagar una cuenta o hacer una orden de inventario son tareas B porque queda un documento fechado como prueba. Otro ejemplo es el pago de tu hipoteca o de tus tarjetas de crédito porque las agencias de crédito están llevando el récord de si pagas o no a tiempo. En cambio nadie está anotando qué tan a tiempo haces tus tareas tipo C. Si alguien se dedica a anotar qué tan a tiempo estás sacando la basura o revisas tu correo, esa persona tiene bastante tiempo disponible.

El viejo adagio que dice que "todo lo que se puede cuantificar, se puede hacer" se le ha atribuido a mucho escritores y pensadores a lo largo de los años. Lo que significa en esencia es que si estás en una posición administrativa y quieres que tus empleados realicen alguna tarea, necesitas cuantificarla, llevar el récord, asignarle una fecha límite y al final evaluarla. En otras palabras: si comunicas los estándares de lo que pides de una manera clara y precisa, eso mismo obtendrás. Esa es una verdad, siempre y cuando lo que cuantifiques *tenga sentido*. Pero otra máxima, que se le ha atribuido a Albert Einstein, dice: "No todo lo que se puede contar, cuenta; ni todo lo que cuenta se puede contar". Esta premisa debería servirles a las organizaciones en el momento de determinar lo que necesitan medir y evaluar, y cuando están eligiendo el sistema de medida que emplearán. Sin embargo, en cuanto a lo que se refiere a priorizar, una vez se ha establecido la forma de medir, una tarea se convierte en B para todo el que necesite hacerle seguimiento porque existe un récord que afecta la calidad de su ejecución. Elevas la prioridad del trabajo que les delegas a otros al mantener un récord de dicho trabajo.

Una vez trabajé para una compañía en la que una actividad de tipo C en la lista de tareas de todo mundo —en este caso, asistir a la reunión semanal— rápidamente se convirtió en B. Yo estaba encargado de la agenda de la reunión semanal del personal. La empezaba leyendo el programa que el director del departamento me daba y luego asignaba los trabajos que había que ejecutar durante la semana con el fin de alcanzar las metas del proyecto. Todos en el departamento tenían que asistir a la reunión.

Si estás moviendo tu cabeza a medida que lees esto, entonces es probable que hayas asistido a reuniones como esta y sepas mucho acerca de ellas. Nadie quiere asistir a algo así. Con frecuencia los empleados se quedan "atrapados" en medio de llamadas telefónicas y se ven "forzados" a faltar a las reuniones o encontrarán cualquier otra excusa para no estar presentes en ellas. Muchos llegarán tarde para manifestar así su desdén por el proceso de esa manera pasiva-agresiva. Y, aunque yo tampoco lo disfrutaba, era mi trabajo que todos estuvieran presentes.

Así que tuve una idea.

Una semana decidí anotar en secreto la hora exacta en que cada empleado llegó a la reunión de las 10:00 a.m. y me quedé callado al respecto. La reunión transcurrió igual que siempre. La siguiente semana abrí la reunión con una presentación muy rápida que mostraba el nombre de cada uno y la hora en que llegó a la reunión anterior. Podrás imaginarte sus caras de sorpresa. Hice la presentación a las 10:00 y la dejé exhibida durante unos cuantos segundos. No estaba tratando de avergonzar a nadie, solo quería probar mi punto de vista. Claro, debido a que eran solo las 10:00, mucha gente —los que acostumbraban llegar tarde— todavía no había llegado. A medida que llegaban, las miradas que recibían de los que estaban presentes y vieron la presentación, los confundió.

Los rumores acerca de mi "presentación" inicial se esparcieron bastante rápido porque la semana siguiente todos llegaron a tiempo. Algunos hasta llegaron más temprano y estuvieron listos para comenzar a las 10:00 en punto. Tengo que admitir que me reí a solas durante días. Pero el mayor beneficio no fue cuánto me divertí sino que *mi* director estaba midiendo mi sistema para lograr que todos llegaran a tiempo a la tal reunión semanal

—y *ahora* medía la asistencia de esa manera. Como para darle una bonificación al departamento la reunión solo duraba 20 minutos porque todos llegaban a tiempo y listos para escuchar y regresar a sus quehaceres al terminar la agenda de trabajo.

La reunión semanal era una C, una tarea para prevenir inconvenientes que nadie disfrutaba, un "tengo que" en la lista de cosas por hacer. Pero al agregarle un sistema de medición al desempeño de cada uno —su asistencia y llegada a tiempo a la reunión— de inmediato se convirtió en una B, algo que podría revertírseles más adelante a la hora de ser objeto de una evaluación de desempeño, una revisión anual, o simplemente para medir su puntualidad durante la reunión de la siguiente semana. Como dice el dicho: "Lo que se puede cuantificar, se puede hacer".

Así que existen tareas importantes en la categoría B que se "tienen que hacer" y que son cuantificables, y hay tareas en la categoría C que también se "tienen que hacer" pero no son cuantificables. Como dijimos en el Capítulo 1, tienes que hacer ciertas tareas para prevenir inconvenientes si quieres estar vigente en el juego de la vida, aunque sean cosas que no recuerdes cuando mires atrás, a lo largo de tu recorrido.

---

### Un nuevo método para priorizar

A = Tareas para ganar algo

B = Tareas cuantificables para
   prevenir inconvenientes

C = Tareas no cuantificables para
   prevenir inconvenientes

---

> **Resultados obtenidos**
> A = Metas, liderazgo, mejoramiento
> B = Responsabilidades importantes con
>     el fin de mantenerte
> C = Mantenimiento

Piensa en el ejemplo de la basura: según el nuevo modelo de priorizar, ¿sacar la basura tendría una prioridad A, B o C? Siempre sería una C, sin importar qué tan rápido aparezca el camión de la basura en tu calle —porque si tú no la sacas, ¡algún miembro de la familia o incluso un vecino te dirán que la saques porque el olor está saliendo de las canecas! Una tarea para prevenir inconvenientes como sacar la basura jamás será prioritaria en la categoría A en este nuevo enfoque porque no produce resultados significativos en tu vida. Y no tendrá una B porque no es cuantificable. Tu desempeño en la vida no depende de que saques o no la basura, solo te da la ilusión de productividad —y el mayor obstáculo para la *verdadera* productividad es tener la *ilusión* de estar siendo productivos. El primer paso para serlo realmente es tener un concepto claro de qué resultados te produce cada tarea y actuar de acuerdo con ello. Aunque todavía habrá ocasiones en que tengas que correr detrás del camión de la basura, no te engañes pensando que realizaste una tarea tipo A en tu lista de cosas por hacer.

Recuerda siempre el segundo atributo de una tarea para ganar: no tienes que hacerla. Es una actividad en tu vida que produce los resultados personales más significativos y satisfactorios y que te da identidad. Son recuerdos, sentimientos, progreso, crecimiento y resultados para tu vida —aquello que recuerdas durante un año, cinco, una década, o para siempre. Luego vienen todas esas tareas que no recordamos cinco minutos después de haberlas hecho pero sin embargo les damos una prioridad mayor de la que les damos a las tareas tipo A. Y si permitimos que esto nos pase al dedicarnos a llevar a cabo esas cosas insignificantes con regularidad, nos pasaremos años sin hacer algo con respecto a nuestras metas importantes.

Este nuevo enfoque requiere que tracemos una raya en la arena. Estamos dándoles a tus tareas para ganar la categoría A, y a tus tareas para prevenir inconvenientes las categorías B y C. Estamos priorizando basándonos en *resultados*.

## ¿POR QUÉ ES IMPORTANTE PRIORIZAR?

Este es, obvio, el concepto opuesto al pensamiento tradicional de lo que se entiende por priorizar porque estamos dándole mayor prioridad a lo que no tienes que hacer, y a lo que tienes que hacer lo categorizamos como de mediana o baja prioridad. Esta parece otra discordancia inherente entre dónde "debemos" y dónde "queremos" emplear nuestro tiempo. Por eso priorizar es tan importante. Si no reconocemos lo más importante y significativo para nosotros, y actuamos basados en eso, nunca llegaremos a la parte en la que haremos lo que queramos en la vida.

¿Alguna vez has listado todas las tareas para prevenir inconvenientes que tienes que realizar cotidianamente? Aquí hay un ejemplo que los participantes en mis presentaciones han elaborado mediante una lluvia de ideas. Observa cuánto tiempo gastas en ellas en un periodo de 24 horas. Algunas personas tienen mayores responsabilidades en unas áreas que en otras.

## Ejemplos de tareas para prevenir inconvenientes

| Sacar la basura | Cortarme el cabello | Cortarme el cabello |
|---|---|---|
| Pagar cuentas | Hacer los impuestos | Lavar la ropa |
| Cuidar la mascota | Asistir a eventos | Hacer mercado |
| Pasar tiempo con vecinos y amigos | Buscar objetos perdidos | Tiempo de trasporte, manejar |
| Arreglar objetos dañados | Contestar correos, leerlos | Ir a la lavandería |
| Ir al banco, al cajero automático | Limpiar y mantener la casa | Hacerle mantenimiento al carro |
| Arreglo personal | Arreglar el patio | Cita médica, odontológica |
| Planear fiestas celebraciones | Contestar y devolver llamadas telefónicas | Comprar ropa, regalos, etc. |
| Cuidar la familia y pasar tiempo juntos | Preparar la comida, comer y limpiar después de comer | Hacer mantenimiento a la casa, reparar, y hacer nuevos proyectos |
| Servir de conductor de otros (hijos, amigos, etc.) | Sucumbir a enfermedades y recuperarme de ellas | Informarme (aprender, actualizarme, buscar temas, etc.) |

**Figura 3.1**

¿Notaste qué hace falta en esta lista? Lo qué hacemos todos por lo menos 8 horas diarias: *¡trabajar!* Algunos componentes como el correo de voz o el correo electrónico están en la lista, y existen en nuestro diario vivir también. Pero ¿qué me dices de las rutinas diarias de tu jornada laboral?

¿Qué más hace falta? Es algo que muchos hacen durante 8 horas diarias (aunque algunos no son tan afortunados): *¡dormir!* ¡Trabajar y dormir son casi siempre las dos actividades que más tiempo nos consumen! Todo lo demás está entremezclado entre el tiempo sobrante.

Observa bien la Figura 3.1. ¡Así es tu vida fuera del trabajo que realizas y de tu tiempo para dormir todos los días!

Algunos a lo mejor se preguntan por qué la familia aparece en la lista de tareas que "tenemos que hacer". Pero piensa en la gente que tiene padres ancianos y otros miembros de la familia dependientes y que necesitan cuidado. Incluso si no tienes esa clase de responsabilidades, tienes que llamar a tu mamá o hermano, digamos que de vez en cuando para decir: "¡Hola, esto vivo! ¡Sobrevivo a las tareas para prevenir inconvenientes!" Lo mismo es cierto con los amigos. Te piden favores y además necesitas invertir tiempo con tus vecinos y amigos que tienen alguna necesidad. Las relaciones a veces conllevan obligaciones como producto de amor y respeto, camaradería y lealtad, ecuanimidad y reciprocidad.

Hay incluso tiempos en el trabajo en los que caminas y das vueltas pensando: "¿A quién le debo?" Supongamos que una tarde tienes una reunión con cuatro personas. ¿Qué estuviste haciendo durante toda la mañana *antes* de la reunión? ¡Contestando todos los correos electrónicos y de voz provenientes de esas cuatro personas! Porque si no lo haces, lo primero que escucharás cuando llegues a la reunión será: "Recibiste el correo que te envié la semana pasada?" Esa persona sabe que lo recibiste y tú también lo sabes —pero no le contestaste—, así que ¿adivina qué? Tienes que lidiar con la parte penosa de hacer una tarea para evitar inconvenientes, ¡la cual no previniste! Ahora debes enfrentar las consecuencias de dejar de hacer algo que alguien esperaba que hicieras, y como resultado tienes que restaurar la confianza que has roto, superar la vergüenza que eso te produce, y recuperar la confianza que perdiste. ¡Ese va a ser un problema más que la simple tarea de prevención que necesitabas hacer al comienzo!

## ENFÓCATE EN LOS RESULTADOS

Dejar de hacer las tareas necesarias para prevenir inconvenientes suele producir resultados *negativos* significativos, de la misma forma en que hacer las tareas para ganar producen resultados *positivos*. Si no cumples con tus tareas de prevención ni con tus obligaciones, en algún momento sufrirás consecuencias negativas al quedarte atrasado en ellas. Sin embargo, si todo lo que pretendes está en la categoría de prevenir y no haces nada en la de ganar, entonces seguirás obteniendo los mismos resultados que estás produciendo ahora, pero sin hacer ningún progreso. Permanecerás estático en el mismo lugar en los años venideros. A lo mejor estás en un momento interesante de tu vida, ¡y está bien! Pero no hay movimiento, y como ya hemos dicho antes, con el tiempo el estancamiento conlleva a la decadencia y al agotamiento. La única forma de producir resultados positivos importantes, de impulsarte hacia delante y controlar mejor tu vida, es haciendo tareas para ganar algo a cambio. La Figura 3.2 ilustra los resultados que provienen de las tareas para ganar y prevenir.

¿Qué resultados estás produciendo?

Cuando estás produciendo buenos resultados, estás haciendo cosas que *no* tienes que hacer —y estás en control. ¿Entonces por qué no produces resultados a diario?

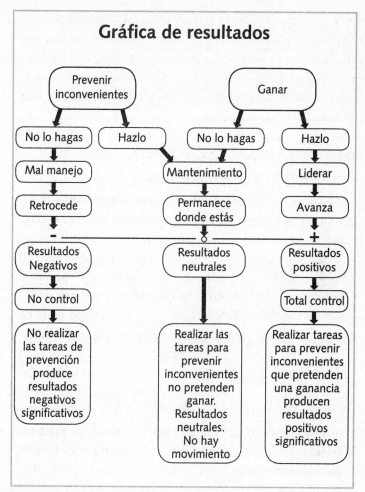

**Figura 3.2**

La vida no ocurre en líneas rectas —como en una car-
telera— con todo lo que tienes que hacer en una lista con
tiempos específicos para pasar de una actividad a la otra
dejando tiempo para realizar tareas para ganar. La vida
ocurre más así: despiertas y este es tu cerebro:

## Tu cerebro a las 6:00 AM

...Nada...

No hay nada allí. Entonces, unos minutos después recuerdas que tienes que devolverle la llamada a John y comienzas una conversación contigo mismo:

—Bueno, tengo que llamar a John. Tan pronto como llegue a la oficina le dejaré un mensaje en su contestador.

—*Llamar a John, que no se me olvide llamar a John.*

Luego, dos minutos más tarde recuerdas que tu informe mensual se vence hoy.

—¿Por qué tengo que hacer esto cada mes? Bueno, lo que sea —llamar a John, informe mensual, llamar a John, informe mensual.

Luego vas a la cocina a desayunar y te acuerdas... ¡leche!

—¡Olvidé comprar la leche! Bueno, gran día, llamar a John, informe mensual, leche... llamar a John, informe mensual, leche.

Y antes de que te des cuenta, más y más tareas para prevenir inconvenientes van llegando a tu mente hasta que tu cerebro luce más como la Figura 3.3.

**Figura 3.3**

Allí estás... ¡y son apenas las 7:00 AM! ¿Alguna vez le has dicho "hola" a alguien y esa persona no te contesta? ¿Te encuentras con un compañero de trabajo en la calle o en algún corredor de la oficina y le dices "buenos días" y no obtienes ni una palabra en retorno sino una mirada perdida? *¡Todo lo anterior es lo que está pasando por su mente!* No es que no sean amigables, solo están ocupados pensando: "Llamar a John, informe, leche... John, informe, leche... ¡Si respondo tu saludo de pronto se me olvida comprar la leche! ¡Tú eres menos importante que la leche!".

La razón por la cual la mayoría de la gente no logra sus metas o realiza sus tareas para ganar es porque su lista de tareas es como la Figura 3.4.

| LISTA DE TAREAS POR HACER |
|---|
| ☐ Prevenir inconveniente |
| ☐ Prevenir inconveniente |
| ☐ Prevenir inconveniente |
| ☐ Prevenir inconveniente |
| ☐ Prevenir inconveniente |
| ☐ Prevenir inconveniente |
| ☐ Prevenir inconveniente |
| ☐ Prevenir inconveniente |
| ☐ Prevenir inconveniente |
| ☐ Prevenir inconveniente |
| ☐ Prevenir inconveniente |
| ☐ Prevenir inconveniente |

**Figura 3.4**

Y esta es precisamente la razón por la cual realizar todas tus tareas preventivas antes que hagas las que te reportan una ganancia no funciona: *porque nunca se terminan.* Necesitas rehacerlas una y otra vez. No puedes tachar de tu lista "echarle gasolina al carro". Una vez lo has hecho, baja al final de tu lista pero solo para volver dentro de una semana o algo así. Tampoco puedes tachar "hacer mercado" porque cada vez que comes te acercas más a tener que volver a comprar más comida. Las tareas para prevenir nunca se acaban y por eso permanecer enfocado en ellas terminará por estresarte. Tú, por supuesto, tienes que terminar tu lista, pero hay una clave para emplear exitosamente tu tiempo. En medio de un día lleno de esas tareas es recomendable parar y hacer algo que te acerque a tus metas y te ayude a cumplirlas. *Tienes que mantenerte en movimiento hacia tus metas.*

Es muy posible que hayas tenido días en que sentiste que estabas demasiado ocupado y sin embargo no lograste nada. Esos son los días llenos de tareas preventivas, como el que te describí anteriormente. Pero la opción que sigue es mucho mejor. La Figura 3.5 demuestra cómo se ve cuando puedes decir que tuviste un gran día, una jornada que te impulsó hacia tus metas, que hizo tu vida un poco mejor hoy de lo que fue ayer.

| LISTA DE TAREAS POR HACER |
| --- |
| ☐ Tarea preventiva |
| ☐ Tarea para ganar |
| ☐ Tarea preventiva |
| ☐ Tarea preventiva |
| ☐ Tarea para ganar |
| ☐ Tarea preventiva |
| ☐ Tarea preventiva |
| ☐ Tarea para ganar |
| ☐ Tarea preventiva |
| ☐ Tarea para ganar |
| ☐ Tarea preventiva |
| ☐ Tarea preventiva |
| ☐ Tarea para ganar |

Si tratas de terminar toda la lista de tus tareas preventivas antes de hacer alguna para ganar, entonces nunca llegarás a hacer nada para ganar porque las tareas preventivas nunca se acaban. Tienes que hacer de las dos intercaladamente.

## INSTINTO DE SOBREVIVENCIA

¿Por qué más gente no maneja su vida de esta forma? Por dos razones:

La primera, el cerebro no funciona como una lista balanceada de cosas por hacer porque no le gusta cambiar de un lado para otro sino que está "cableado" para que las prioridades de sobrevivencia sean más urgentes que las que sirven para mejorar en cualquier aspecto. Prevenir va por encima de ganar, los "tengo que" son prioritarios a los "no tengo que". Es cuestión de sobrevivencia. Durante millones de años los humanos se despertaban y lo primero que se preguntaban era: "¿Qué tengo que hacer hoy para sobrevivir hoy? ¿Cazar? ¿Recolectar? ¿Defenderme de los depredadores?" Y ese es el mismo instinto que hoy nos hace pensar en sobrevivir, no solo en términos de comida y agua sino también en lo relacionado con todo lo que tiene que ver con respecto al sistema de vida actual.

A eso se debe que la lucha en el pensamiento sea tan ardua. Tu cerebro no es una maquinaria diseñada para pensar tan solo en éxito, realización personal, felicidad y crecimiento, también es un mecanismo diseñado para sobrevivir. Además tiende a seguir ese instinto de atender a lo que necesitas para tu protección y sobrevivencia, *antes que nada*. Para tomar riesgos y hacer elecciones que te lleven a ganar tienes que luchar contra el instinto de tu cerebro y hacer a un lado las tareas de sobrevivencia para poder avanzar. La buena noticia es que, una vez lo hayas hecho, tu cerebro también comenzará a ocuparse de estas otras tareas —y hará lo que sea necesario para sobrevivir a ese *nuevo* nivel. Pero tú tienes que salirte de las restricciones que sigues de manera instintiva dejando que tu cerebro decida por ti porque si permites que siga su instinto y lidie con lo que tienes que afrontar a diario, tu cerebro te guiará hacia un día lleno de solo tareas preventivas.

La segunda razón por la cual no vemos mucha gente haciendo una buena combinación entre tareas para ganar y preventivas es porque, incluso quienes tienen la buena costumbre de *planear*, no *priorizan* su plan de manera efectiva. Planean sus actividades preventivas primero pensando que van a hacer lo que tienen que hacer y luego se disponen a hacer las que les ayudan a ganar, siempre y cuando les quede tiempo. Pero, en menos de lo que se imaginan, se les fue el día previniendo pues esa lista nunca termina, siempre habrá tareas preventivas que pongan en segundo plano las tareas para ganar.

Ocurre así: comienzas con buenas intenciones y te dices a ti mismo: "Si hoy pudiera comenzar a desarrollar el plan para diseñar la nueva página de Internet, ¡sería espectacular! Voy a chequear el correo y ver si me llegó algo antes de comenzar". Yo mismo lo he hecho infinidad de veces, ¿tú, no? ¿Sabes lo que acabas de hacer? Tomaste una mala decisión: prevenir en lugar de ganar —*otra vez*. Acabas de decir: "Comenzar a trabajar en mi nueva página produciría excelentes resultados... pero voy a chequear mi correo y ver lo que los demás necesitan que yo haga". Es imposible tener control del *tiempo* porque este avanza inexorablemente, pero sí tenemos que tener control de nuestras *decisiones*.

Otra razón por la que este enfoque no funciona es porque las tareas preventivas desgastan la mejor parte de nuestra energía diaria. Retoma la Figura 3.1: desarrollar todas estas actividades es un *uso* de energía, no una *fuente* de ella. Con cada hora que pasas haciendo cosas que "tenemos que hacer", empiezas a sentirte más agotado y a avanzar más despacio.

Sin embargo, al insertar una tarea para ganar en medio de varias tareas preventivas, obtendrás la energía necesaria para avanzar y hacer que el tiempo para prevenir no te quite tanto la motivación.

Por ejemplo, ¿has notado qué tan productivo eres antes de tomar unas vacaciones? ¿Por qué? Trabajas hasta sentirte tan agotado que necesitas y mereces unas deliciosas vacaciones, y las planeas. Luego, a medida que se aproxima la fecha estás tan emocionado y entusiasmado por la ganancia que viene con tu descanso que te sientes capaz de conquistar cualquier meta. Afrontas de frente todas esas tareas preventivas e incluso todos esos proyectos que habían estado esperando por meses sin darles ninguna solución porque sabes que no quieres estar pensando en todo lo que tienes pendiente en tu trabajo o en casa cuando estés de vacaciones. Las quieres fuera de tu camino para poder relajarte y disfrutar de lo que *quieres* hacer. Esa visión te da la energía que necesitas para ocuparte y finiquitar todas tu tareas preventivas más rápido.

Ir de vacaciones es un ejemplo fácil de entender porque las expectativas y el entusiasmo son fuentes obvias de energía y el deseo de ganar fluye y es inmediato. Pero, ¿qué tal otra clase de metas más difíciles de lograr, como escribir un libro? ¿Aprender un idioma? ¿Empezar un negocio? ¿Inventar un producto? Son metas a largo plazo y es obvio que requieren un trabajo más extenso, disciplina y enfoque. Pueden ser tediosas y complicadas; a lo mejor implican fracasos y nuevos intentos, ¡y todas consumen mucha energía! Es indudable que hay una gratificación a largo plazo incluida, si alcanzas tu propósito; pero unas vacaciones son, de comienzo a fin, una experiencia ganadora.

Así que lo siguiente que vamos a hacer es discutir dos formas distintas de alcanzar tus metas y ser un ganador.

## PASOS PARA GANAR: METAS CREADORAS *VERSUS* METAS DE CONSUMO

Ganar y prevenir son dos clases distintas de motivación. Como ya sabes, las tareas para ganar son movimientos que haces en busca de cambios y mejoras. Sin embargo, como has visto en los ejemplos anteriores, hay dos clases de metas para ganar: las metas de consumo y las metas creadoras.

Las metas de consumo son aquellas como las vacaciones o una compra de algo extravagante (pero bien merecido), como por ejemplo una cena en un restaurante lujoso o un reloj fino. Son metas que valen la pena y le dan a tu vida el balance necesario para contrarrestar las dificultades que afrontas. Sirven para celebrar y son una fuente de energía a corto plazo. Es bueno matizar esos días particularmente arduos pensando en algo placentero que vendrá más adelante como ir a una rica cena o con algo más sencillo como llegar a casa y levantar los pies mientras miras tu programa de televisión favorito.

Después que culminas una meta de consumo, deberías preguntarte: ¿Estoy contento de haberlo hecho? ¿He perdido mi dinero? Unas vacaciones en las que recargas baterías, conoces gente y vives nuevas experiencias, ¡jamás son una pérdida de tiempo ni dinero! Sin embargo, unas vacaciones extravagantes que sabías que no podías costear y las cargaste a tu tarjeta de crédito no son algo que te traerá descanso ni renovará tus energías, ¡y ni siquiera gratos recuerdos! Ver tu programa de televisión favorito junto con amigos también es una forma tradicional de diversión, pero si sientes que perdiste el tiempo viendo demasiadas tonterías, entonces tendrás que pensar en otras opciones.

La diferencia entre trabajar duro y ahorrar dinero para cierta recompensa y excedernos en ella es *cómo te sientes al respecto*. La gente usa con frecuencia las metas de consumo (por ejemplo, vacaciones, ropa, aparatos electrónicos, etc.) como terapia para combatir el agotamiento y la depresión, que terminan siendo un desastre. Las metas de consumo deben ser *divertidas*, la mayoría de las veces son necesarias y bien merecidas, pero aunque te traigan una recompensa por las tareas que haces y no disfrutas, no te harán sentir que avanzaste. Son solo una fuente temporal de energía que se agotará cuando la diversión termine y vuelvas a tu estilo de vida diario. Si ellas son tu única clase de metas, entonces es posible que estés fuera de la ruta que te corresponde seguir y muy probablemente experimentarás sentimientos de culpa al embarcarte en deudas y perder tiempo valioso.

Piensa en las metas de consumo como *una recompensa a corto plazo* por todo el trabajo arduo que realizas. Úsalas como una fuente de energía y como incentivo para atravesar el día, la semana o el mes, pero necesitas balancearlas con las metas *creadoras*, con objetivos que sean más significativos y que realcen tu vida a largo plazo.

> Necesitamos planear metas de consumo
> y metas creadoras para tener balance
> y combatir el agotamiento.

Tus metas creadoras son las que escribiste al final del Capítulo 1. Si las alcanzas —ya sea en un año, en cinco o en diez— tu vida será mejor y distinta a lo que es hoy. Esto incluye logros como recibir un ascenso, adquirir más educación, abrir tu propio negocio, reparar relaciones significativas, involucrarte en un grupo de voluntarios, desarrollar nuevos contactos con fines sociales o financieros, hacer un nuevo diseño para el exterior o el interior de tu hogar, e incluso simplificar tu vida en algún aspecto físico, mental o emocional. Las metas son individuales, son todo aquello que te mantiene avanzando y logra cambios positivos. Por ejemplo, escribir este libro ha sido la mayor meta creadora que he alcanzado.

*La diferencia entre estas dos clases de metas es el impacto que ellas ejercen sobre tu vida.* Las metas creadoras tienen un impacto más duradero y a largo plazo, las recordarás como algo significativo para ti. Y aunque son divertidas y energizantes, las metas de consumo tienen un impacto menos fuerte y duradero.

En seguida veremos cómo estas dos clases de metas generan y consumen energía en diversas formas y cómo obtener la energía que necesitamos para realizarlas, y además ocuparnos de las tareas preventivas.

# Capítulo 4

# Energía y motivación

# Decide cómo obtenerlas

· · · · · · · · · · · · · · · · · · · · · · · · · · · · · · · · · · · ·

*"Harry, es nuestra elección propia mostrar*
*la esencia de lo que en verdad somos,*
*más allá de nuestras habilidades".*

—Dumbledore, en *Harry Potter y la cámara*
*secreta*, por J.K. Rowling

· · · · · · · · · · · · · · · · · · · · · · · · · · · · · · · · · · · ·

Toda actividad y meta requieren de energía, y no solo la energía física que mantiene el cuerpo en movimiento sino la motivación requerida para enfocarnos y poder ver qué tan productivos son nuestros proyectos sin que por eso sintamos frustración, nos distraigamos o renunciemos a ellos.

Obtenemos energía de diversas fuentes para realizar todo lo necesario a lo largo de cada día. Ya sea que se trate de llenar necesidades emocionales, prevenir el dolor de ciertas consecuencias o trabajar en función de lograr propósitos y resultados, nuestra mente y cuerpo trabajan en conjunto hacia el cumplimiento de ellos y nos empujan e impulsan hacia el final de cada jornada. Utilizamos nuestras necesidades y recompensas como motivadores para trabajar y mantenernos en acción.

Todos estamos familiarizados con la motivación desde el momento en que nacemos, gracias a nuestras necesidades físicas. Como dije anteriormente, el ser humano es guiado por el instinto de sobrevivencia. Y como las necesidades básicas nunca desaparecen, la motivación sigue siendo parte intrínseca del diario vivir. Pero, debido a que en el mundo de hoy ya no tenemos que cazar ni recolectar alimentos todo el día para asegurar nuestra sobrevivencia, la motivación del hombre moderno ahora está enfocada en querer más en algún aspecto de su vida y la motivación tiene otras aplicaciones que van con el mundo actual. No solo es cuestión de dinero y éxito, aunque estos son dos aspectos que motivan a mucha gente. La motivación surge cuando hay una distancia entre el lugar donde estás y el lugar al cual quieres llegar. A lo mejor queramos más libertad, más control de nuestra vida, más conocimiento, más respeto o mayor seguridad. Aunque las verdaderas motivaciones surgen a medida que avanzamos, anhelamos cumplir sueños e identificamos oportunidades para ganar porque el proceso de motivación es parte de nuestro ser. Fuimos creados para buscar satisfacción constante y para mejorar nuestras circunstancias. En el Capítulo 2 vimos que sufrimos cada vez que no avanzamos en algún aspecto y que es allí cuando comenzamos a sentir los efectos del agotamiento y la depresión. La vida está en balance solo cuando nos sentimos motivados a *movernos* y hemos identificado aquello que nos produce ese deseo de avanzar.

Algunos dicen: "Estoy muy feliz tal como estoy! No voy detrás de nada más grande ni mejor ni mayor. ¡Estoy contento con la vida y disfruto cada minuto de ella!" Mi opinión es que en ese caso ¡está muy bien! Pero ¿qué haces con tu tiempo? ¿En qué disfrutas la vida? ¿Utilizas tu capacidad creativa? ¿Viajas? ¿Devoras libros o investigas en los medios sobre temas que te intrigan? ¿Trabajas como voluntario para ayudar a los menos afortunados? Todas estas son formas de motivación y todas representan una ganancia, crecimiento y movimiento —en tu propia dirección. No es cuestión de ir en busca de más dinero y fama, es cuestión de mantener viva y pujante nuestra motivación para crecer, desarrollarnos y evolucionar.

La motivación es fundamental para sobrevivir, y es una parte innata de quienes somos. Incluso después de satisfacer nuestras necesidades básicas más fuertes, también necesitamos de la motivación que nos energiza. Nuestro instinto es maximizar el placer y el bienestar y minimizar el dolor, incluso el que va más allá del aspecto físico, en esto se enfoca nuestra energía después de que hemos asegurado nuestras necesidades de sobrevivencia.

Además no deberíamos desperdiciar tan enorme fuente energética desarrollando solo tareas domésticas como sacar la basura y llegar a tiempo al trabajo. Para explorar cómo usar nuestra motivación, no solo en realizar todas las tareas preventivas sino también aquellas que nos llevan a ganar, sería de gran ayuda observar cómo la química del cerebro —y su misión de sobrevivencia— contribuye a nuestro progreso diario.

## ¿QUÉ PUEDE HACER TU CEREBRO POR TI?

Es obvio que existen cuestiones de neurociencia relacionadas con la forma en que funciona la química del cerebro, pero para mencionarla a un nivel muy básico, la química cerebral hace cosas como ayudarnos a sobreponernos a los obstáculos y perseverar hasta cumplir lo que nos propongamos, nos condiciona a buscar una conducta a base de recompensas y nos anima a hacer acopio de nuestras fuerzas y encontrar la energía que necesitamos.

Esta necesidad de motivación y perseverancia es básica para sobrevivir. Cuando nuestros ancestros trabajaban todo el día cazando, recolectando alimentos, encontrando refugio y huyendo de los depredadores, necesitaban que la química de su cuerpo cooperara y estuviera a su *favor*, no en su *contra*. Dudo que un hombre de las cavernas perezoso o distraído sobreviviera por largo tiempo. Sus endorfinas les ayudaban a enmascarar el dolor y los habilitaba para continuar luchando para sobrevivir. La dopamina y la serotonina los condicionaba a repetir conductas que les proporcionaran recompensas. Y la adrenalina les daba la habilidad de actuar de inmediato y pelear cada vez que surgía una amenaza.

Lo curioso es que los primeros humanos no tenían estudios neurobiológicos ni fisiológicos para explicarse cómo

usar esas herramientas ni para deducir cómo funciona el
cerebro con y sin estos ingredientes químicos. Ellos solo
empleaban lo que tenían para sobrevivir, y eso era lo único
importante. Para ellos esa no era una forma mediocre de
vivir, era simplemente su única meta. Su motivación para
vivir y sobrevivir era una fuerza innata que los guiaba y
tenían las herramientas necesarias para lograrlo.

Hoy todavía tenemos esas herramientas, y además tenemos un enorme conocimiento acerca de ellas gracias a
algunos siglos de estudios y avances en Sicología y Bio-
logía. Sin embargo las utilizamos casi de la misma forma: echando mano de ellas de una manera subconsciente
cada vez que necesitamos energía, motivación y enfoque.

Por ejemplo, la dopamina es un químico natural que
nos habilita para reconocer sentimientos de placer y felicidad. Su nivel se incrementa cuando recibimos un
premio por realizar determinada actividad y condiciona
nuestro cerebro a repetirla. De nuevo, nuestro cerebro
nos provee con esta ayuda para que podamos sobrevivir.
Les ayudó a los primeros humanos a aprender las mejores formas de cazar, recolectar alimentos y defenderse de
los animales. En nuestro caso actual esta misma herramienta química nos ayuda a ser más eficientes. Estudios
recientes con animales de laboratorio demuestran los
efectos de la dopamina; por ejemplo, la ausencia de dopamina hace que los animales pierdan la motivación de
comer y lleguen casi a la inanición. Sin este útil químico
no sabríamos qué conductas desarrollar para conseguir
lo que queremos.

Las endorfinas, para las cuales hay fuentes de recursos naturales y artificiales, también nos ayudan bastante.
¿Alguna vez has escrito en tu lista de cosas por hacer alguna tarea que ya terminaste solo para tacharla? Hacer

una larga lista de lo que "tienes que hacer" suele ser poco inspirador, por decir lo menos. Pero tachar para sacar de tu lista tareas que ya has realizado te da el sentido de que has alcanzado muchas cosas. Te anima y te impulsa a seguir. Es un pequeño truco que nos hacemos a nosotros mismos para tratar de obtener un poco de motivación y generar un torrente de endorfinas que nos haga sentir el deseo de pasar a la siguiente tarea.

Las endorfinas son calmantes internos que el cuerpo produce en respuesta a sentimientos de estrés, miedo, placer, dolor, excitación y otros similares. Su propósito natural es enmascarar el dolor y generar sentimientos de euforia y bienestar que nos permitan seguir adelante. Este es un instinto primario a la respuesta de pelea o huída frente a la amenaza. Las endorfinas nos permiten sobreponernos temporalmente a los obstáculos (como el dolor o el cansancio) y realizar lo que tenemos a mano, así como la habilidad para huir a grandes distancias de los depredadores.

Estos químicos calmantes del dolor y de sentimientos eufóricos que nuestro cuerpo está entrenado para producir pueden ser remplazados por fuentes artificiales de endorfinas, incluyendo las drogas y el alcohol. Sin embargo estas fuentes artificiales implican riesgos de adicción e intoxicación y con su continuo abuso la habilidad del cuerpo para producir endorfinas de manera natural se disminuye y la dependencia en las fuentes artificiales de esta substancia aumenta. Así es como se genera el ciclo de dependencia en las fuentes artificiales.

La buena noticia es que existen muchas formas naturales para obtener endorfinas sin que haya necesidad de emplear recursos artificiales. Además de ayudarnos en la sobrevivencia primitiva, las endorfinas naturales han demostrado liberarse en respuesta a estímulos físicos comunes como el ejercicio, el consumo de pimienta picante o chocolate, momentos de romance, la acupuntura y la exposición a los rayos del sol verdaderos o artificiales, así como debido a emociones tales como la que nos produce montar en la montaña rusa, y a estímulos mentales como la atención de los demás, el reconocimiento, la risa, la competitividad, o (más relevante para nuestro tema) *el sentido de logro*.

Finalizar una tarea de cualquier tamaño o importancia nos proporciona una cierta explosión de energía y entusiasmo basada en la satisfacción de alcanzar una meta. Mientras más importante sea la tarea, más felices, más confiados y más poderosos nos sentimos.

La liberación de endorfina es una experiencia positiva de la que los seres humanos *disfrutamos*, y que nos lleva a repetir las actividades, tareas o situaciones que la producen. Las endorfinas generan una sensación de entusiasmo y bienestar procedente del simple hecho de *anticipar* algo agradable, tal como la forma en que nos sentimos justo antes de empezar unas vacaciones. Ellas hacen que nuestras tareas parezcan más fáciles y que el trabajo sea menos agotador, una jornada o trabajo que comienzan siendo arduos e insufribles se vuelven más llevaderos a medida que nos acercamos a la línea final, y la última parte por lo general nos produce un aumento de energía —gracias a las endorfinas— que nos anima a culminar lo que estamos haciendo.

Cuando estamos experimentando alguna clase de dolor —físico, emocional, incluso estados mentales poco placenteros como el aburrimiento y la distracción— el cerebro se vale de las endorfinas para producir ese sentimiento que contrarreste el dolor. Es entonces cuando nos damos cuenta que estamos dejándonos llevar por pensamientos gratificantes y por estímulos reproductores de endorfinas.

Nos apoyamos en los sentimientos positivos que producen las endorfinas para ayudarnos a perseverar y mantenernos en movimiento hacia el logro de nuestras metas a pesar de los retos que enfrentemos en el camino.

Si consideramos la dopamina y las endorfinas como los químicos que nos sirven para estar a la defensiva y que nos impulsan a satisfacer nuestras necesidades, entonces podemos considerar la adrenalina como una herramienta para estar a la ofensiva. Nuestro cuerpo produce adrenalina para ponernos a salvo cuando aparece una amenaza y esta nos ayuda a producir la respuesta clásica, ya sea de enfrentarnos o alejarnos de las situaciones de peligro. Es otra herramienta de sobrevivencia y la utilizamos en situaciones de emergencia. Sin embargo para algunas personas es tan efectiva y excitante que procuran encontrar más oportunidades para emplearla, incluso en actividades potencialmente riesgosas como el salto BASE o practicando el paracaidismo.

Los propósitos ofensivos y defensivos de estos químicos son indicativos del doble propósito de nuestra motivación innata: maximizar el placer y buscar recompensas, y además minimizar el dolor y asegurar la sobrevivencia, es decir, buscar ganar y prevenir inconvenientes. Nuestro cerebro nos dirige hacia las dos, y este efecto de *tire y afloje* nos motiva a diario.

Nuestro instinto primario de sobrevivencia proviene en especial del temor a las consecuencias. Si no comemos ni huimos de los depredadores ni preservamos la especie, moriremos. Nuestros ancestros no tenían que pensar en nada de esto, solo lo hacían instintivamente.

Ellos conocían las consecuencias de no hacerlo. Nosotros estamos en la misma posición cuando hacemos todas las tareas de prevención: tememos a las consecuencias. El temor es nuestra principal motivación cuando pensamos en lo que "tenemos que hacer". Sin embargo, debido a que en realidad no tenemos que preocuparnos por *sobrevivir* en el mismo sentido en que nuestros ancestros lo hicieron, hoy nosotros contamos con más tiempo disponible y con la capacidad de pensar en qué más queremos hacer —*además de* apenas sobrevivir. Nuestros ancestros nunca tuvieron tiempo para esto, pero ahora nosotros tenemos los beneficios de fuentes de comida más predecibles, de la domesticación de animales, los avances de la civilización, la industrialización, sistemas agrícolas, etc. El mayor regalo que los grandes avances de este milenio ha producido es la posibilidad de preguntarnos: ¿Qué quiero hacer con mi vida? ¿Qué meta quiero obtener? Esta es la segunda clase de motivación: *el deseo.*

> Las dos clases de motivación son el temor y el deseo. Le tememos al dolor de las consecuencias de no hacer algo que "tenemos que hacer" y deseamos los resultados producidos por el cumplimiento de nuestras metas y el movimiento en nuestra vida.

Generamos energía de estas dos fuentes de motivación y usamos las mismas herramientas que nos da el cerebro para ayudarnos a maximizarlas. *Pero a nosotros nos corresponde decidir en cuál categoría trabajaremos.* Y esta decisión es un factor importante en cuanto a la forma en que administramos nuestra vida, ya sea para quedarnos donde estamos o liderarnos para impulsarnos hacia delante para hacerla mejor.

## ENERGÍA PROVENIENTE DEL DESEO DE LOGRAR METAS DE CREACIÓN Y DE CONSUMO

Cuando pretendemos una meta creadora, esa clase de movimiento que nos impulsa a seguir adelante y ganar, comenzamos a ver resultados que nos inspiran. La diferencia entre esta clase de meta y una meta de consumo es que los premios de la meta creadora llegan después de que hayamos hecho nuestro trabajo. Obtenemos endorfinas de la satisfacción de la meta cumplida que surge después de haber hecho las tareas o actividades para convertirnos en ganadores. Entonces sentimos que el premio concuerda con nuestro esfuerzo y usamos ese sentimiento positivo para vencer todos los obstáculos posibles. Cuando sabes que lo estás logrando y que tu vida está mejorando, te sientes fabuloso —y sientes ese ánimo necesario para desarrollar todas las tareas que "tienes que hacer".

La energía para realizar tus tareas preventivas surge del sentimiento positivo que experimentas al alcanzar tus éxitos. Además puedes utilizar las endorfinas y el ánimo provenientes de las metas de consumo para realizar todas las tareas que te impulsan a ganar. Utiliza la energía que te produce el hecho de pensar en las deliciosas vacaciones que se acercan para motivarte a realizar las tareas para ganar que te conducen a una meta creadora. Esta es la forma de mantener una actitud positiva y alejada de problemas.

Aunque el impacto de las metas creadoras dura más, no todas las metas creadoras toman largo tiempo para cumplirse. Es posible escribir un artículo que quieres publicar en una noche; gastarte una hora trabajando en el patio y sentirte bien el resto del día, atender a un seminario de carácter profesional para mejorar tus habilidades, pero si tienes una meta creadora a largo plazo en la cual trabajar, utiliza la energía que te producen las metas de consumo para llegar a donde quieres.

Cuando tienes una meta a largo plazo es crucial que celebres y te premies a ti mismo a lo largo del camino. Si tratas de esperar hasta llegar a la meta para sentirte recompensado, corres el riesgo de sentirte exhausto y renunciar a la meta antes de llegar a ella. Comparte cada peldaño que asciendes con la gente que desea que triunfes. Usa la energía positiva que adquieres de ellos para avanzar hacia tus metas y no renuncies antes de llegar a ellas.

No te dejes atrapar en las minucias de los proyectos a largo plazo al punto de que pierdas de vista *la meta*. Obtener un título profesional o una certificación son metas para celebrar, pero si esperas a cuatro años hasta que termines sin haber celebrado por el camino, es muy probable que te sientas exhausto antes de lograr lo que quieres. Si planeas correr una maratón, necesitas celebrar cada carrera que corres de 5 o 10 kilómetros para ir preparándote para el gran día, recompénsate a ti mismo después de realizar cada 5 ejercicios que te mantengan en movimiento. Si estás expandiendo tu negocio, celebra cada paso a lo largo del camino con el fin de hacer todas esas horas extra menos desgastantes. Incluso si solo estás haciendo el seguimiento del progreso en una meta de ventas, ver los resultados libera endorfinas y te da la energía necesaria para mantenerte en el camino a lograrlo. Piensa en tus relaciones significativas como otra forma de asegurar el cumplimiento de tus metas creadoras. Estos compromisos a largo plazo pueden perderse en las minucias del diario vivir, si no nos ocupamos de ellos. Las celebraciones de cada paso cumplido en el camino, y de las metas de consumo en compañía de tus seres queridos, renuevan tu compromiso con el proceso y te dan el entusiasmo para triunfar, renovando tu energía para enfocarte en tu meta.

La Figura 4.1 muestra las distintas formas en que las metas de creación y consumo producen endorfinas.

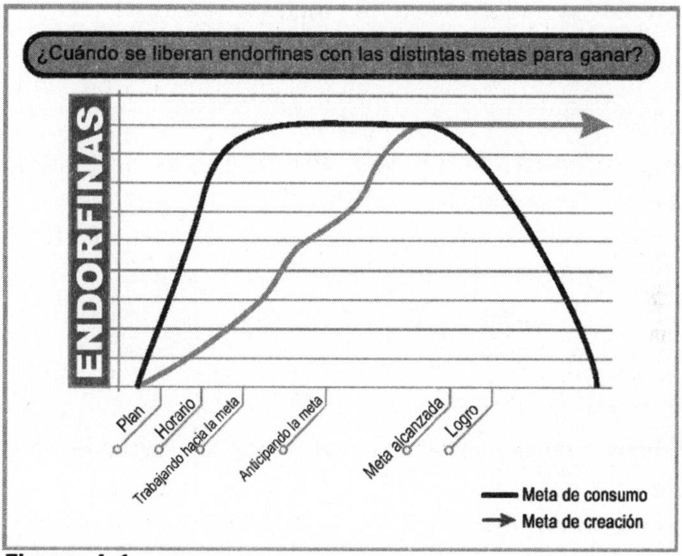
¿Cuándo se liberan endorfinas con las distintas metas para ganar?
ENDORFINAS
Plan
Horario
Trabajando hacia la meta
Anticipando la meta
Meta alcanzada
Logro
Meta de consumo
Meta de creación

**Figura 4.1**

Las metas de consumo las producen al generar emoción durante el proceso mientras te estás divirtiendo y después de haberlas cumplido como resultado de los recuerdos que almacenaste por el camino, y de las relaciones que conseguiste. Este es el premio que anticipaste y que te ayuda a realizar tus tareas preventivas.

Los investigadores que condujeron un estudio sobre cómo las vacaciones afectan los niveles de felicidad encontraron que el mayor incremento de felicidad ocurrió durante el simple hecho de *planearlas,* y que ese nivel permaneció alto durante todas las 8 semanas anteriores

al viaje. Sin embargo el estado de felicidad descendió casi
de inmediato después que terminaron las vacaciones. Incluso quienes reportaron experiencias fenomenales durante sus vacaciones mostraron un incremento de felicidad durante solo dos semanas después de ellas. El estudió
probó que, aunque las metas de consumo hacen que la
gente se sienta feliz, y estén correlacionadas con el incremento de productividad, el efecto mayor se siente durante la etapa anterior y poco después de consumada la meta.

Claro que esta no es una razón para no tener ninguna
meta de consumo; otro estudio demostró que aquellos
que se privan a sí mismos de vacaciones estaban más ten-
sos, deprimidos y cansados —y con 8 veces más de posibilidades para desarrollar enfermedades del corazón que
aquellos que tomaron vacaciones regularmente. Así que,
aunque los efectos gratificantes de las metas de consumo
sean de corta duración, aun así son necesarios y valiosos
para nuestras motivaciones a largo plazo.[1,2]

El hecho de que la gratificación se demora con respecto a las metas creadoras hace que nos cueste más trabajo
iniciarlas que las metas de consumo. Estudia bastante y
obtendrás buenas notas al final de semestre, trabaja duro
y recibirás tu ascenso. La liberación de endorfinas que experimentas después de alcanzar una meta creadora —ese
sentimiento de euforia y orgullo— es el premio por haber
alcanzado algo. Pero la idea de que "¡te sentirás espectacu-
larmente *después* de lograrlo!" no persuade a mucha gente
tanto como la idea de "¡te divertirás mucho *mientras* avanzas!". A eso se debe que más gente se encamine hacia las
metas para ganar, como tomar vacaciones, ir de compras
y planear elegantes cenas, en lugar de ahorrar para abrir
un negocio, trasnocharse para inventar algo o escribir un
artículo que cause gran impacto, hacer dieta y ejercicio

durante un año para lograr perder esos kilos incómodos, poner el alma y el corazón para crear una obra de arte y hasta dar los pasos extra para mejorar relaciones significativas y ser la mejor pareja, hermano(a), padre o madre, amigo(a) que puedan ser. Pero esa es además la razón por la cual tanta gente se encuentra atascada en su propia vida sin saber cómo avanzar. Si bien es cierto que las metas de consumo te dan un breve periodo de gracia antes de volver al mismo lugar que te hizo desear hacer un pare en tu vida, es igualmente cierto que solo las metas creadoras son las que te impulsarán fuera de ese lugar de estancamiento.

Aunque las recompensas sean enormes, el tiempo, el sacrificio y el trabajo arduo —que por lo general se relacionan con las metas creadoras a largo plazo—, suelen causar desánimo al comienzo. Por ejemplo, hace muchos años, cuando mi esposa estaba pensando en la posibilidad de estudiar en la noche, se lamentaba de que le tomaría 5 años obtener un título. Una persona sabia diría: "De todas maneras esos 5 años transcurrirán. ¿Quieres estar pensando en lo mismo dentro de 5 años? ¿O prefieres tener el título para ese entonces?" En otras palabras, el tiempo en sí mismo no cambiará las circunstancias de nuestra vida. Cuando pasen 5 años estaremos en el mismo lugar en el que estamos ahora, a menos de que hagamos el esfuerzo para mejorar y progresar. La única diferencia entre la misma vida de quietud que tenemos ahora, y que podemos llegar a conservar igual dentro de 5 años, y lograr una gran meta para ese entonces, con todo y sus recompensas, es comenzar hoy mismo a ponernos en movimiento e ir tras nuestros sueños. Esta idea fue de gran importancia para mí y se convirtió en la base para tomar decisiones. El tiempo pasa. Si has puesto el esfuerzo para hacer que el futuro sea mejor mañana que hoy, entonces experimentarás resultados positivos a largo plazo.

Los resultados que surgen de cumplir metas creativas son duraderos. Obtener un título universitario significa que te beneficiarás de él para el resto de tu vida. Recibir un premio en tu carrera significa que tendrás el respeto y reconocimiento que él te dará a lo largo de tu carrera. Inventar un producto significa que siempre serás el productor dueño de esa invención. Escalar una montaña o correr una maratón significan que por siempre sentirás orgullo, confianza en ti mismo y experiencia al haber cumplido esas metas. El impacto de ellas en tu autoestima y confianza puede ser de por vida. Y lo contrario, tan necesarias como son las metas de consumo, sin embargo su impacto en tu vida y en tu energía será fugaz. ¡Por eso siempre vamos tras ellas! La recarga de endorfinas que proviene de las metas de consumo puede acabarse tan rápido como surge, es fácil de experimentar, y a menudo buscamos muchas de estas pequeñas recargas para mantenernos satisfechos y relajados.

Las recompensas tardías producto de las metas creadoras suelen poner a prueba tu capacidad de decisión y retar tu perseverancia sin importar si amas o no el trabajo que implica alcanzarlas. Pero esa es la naturaleza de esas tareas; si ellas no te retaran, las habrías cumplido haría rato. Este es el trabajo duro del cual obtienes endorfinas, el trabajo por el cual te programas para recibir una recompensa, pero el orgullo y los sentimientos eufóricos asociados al hecho de cumplir tu meta no vienen hasta que no hayas terminado tu trabajo.

Así que, aunque las metas creadoras con frecuencia requieren de mayor energía, motivación, inspiración, trabajo y sacrificio para alcanzarlas, valen la pena el esfuerzo extra porque *las recompensas que obtienes de ellas tienen un impacto a largo plazo mayor en tu calidad de vida*

*que las recompensas que obtienes de las metas de consu-*
*mo.* Pero esto no representa un dilema sino que es una
advertencia de que las dos, tanto las metas de *consumo*
como las *creadoras,* son necesarias para llevar una vida
balanceada y eliminar el agotamiento, —y tú debes tener
muy en claro cuáles son las recompensas que obtendrás
de cada una de ellas. Planea cómo utilizar la energía que
te generan las metas de consumo no solo para desarrollar
tus tareas preventivas sino también para tomar ventaja de
esa recarga de energía al hacer las tareas para ganar, y que
esa energía te sirva para alcanzar tus metas creadoras.

## ENERGÍA PRODUCIDA POR EL TEMOR: PROCRASTINAR

Supongamos que todavía no haces parte de los que
van tras metas ganadoras o que no has hecho tantas tareas tipo A que hoy te ayuden a prevenir inconvenientes.
¿Tienen fechas límite algunas de tus tareas preventivas?
¿Te estás sintiendo nervioso o desafiado a medida que
revisas tu lista de estas tareas? Bueno, hay otra forma de
obtener energía para hacerlas. Se llama procrastinar. A
lo mejor estás familiarizado con lo que está a punto de
ocurrirte. Muy pronto sentirás la energía que produce la
adrenalina. ¡Así es como obtienes energía del miedo!

La procrastinación es la decisión que tomas cuando
optas por generar energía del temor a las consecuencias
en lugar de cumplir con tus tareas para ganar. Si esperas
hasta que estás tan cerca de la fecha límite de algo a lo que
le temes no poder realizar a tiempo entonces tendrás que
afrontar las consecuencias. Este temor te da la recarga de
energía que necesitas para dedicarte a hacer tu tarea. La
adrenalina producida por el afán es igual a la respuesta de
pelea o huida frente al temor que está implícita en nuestro

ADN. Es una reacción de estrés que de hecho es conveniente a corto tiempo para el cuerpo y la mente porque te permite enfocar toda tu energía en la amenaza que tienes frente a ti incrementando tus posibilidades de supervivencia. Y aunque presentarle tu informe a tu jefe a tiempo no es lo mismo que huir de un depredador, nuestro cuerpo reacciona casi igual. El miedo nos lleva a actuar.

Esta es la razón por la cual algunos programan la alarma del reloj entre 10 y 15 minutos más tarde de lo necesario; de esa manera, cuando despiertan, su reacción es: "¡Ah! ¡Se me hizo tarde!", y obtienen ese poquito de energía o adrenalina que les ayuda a salir de la cama.

Procrastinar es la manera en que usamos el miedo para hacer algo que no queremos hacer.

*Sé que no tienes deseos de hacerlo y tú lo sabes, así que esperemos a que dentro de media hora se haya cumplido tu plazo para hacerlo ¡y entonces el temor te forzará a hacerlo!*

La Figura 4.2 ilustra el ciclo de procrastinación. Supongamos que tienes próximo a vencerse un reporte que no quieres hacer y esperas hasta que el temor a las consecuencias te obliga a actuar y lo terminas justo a tiempo. Entonces, una vez que el temor ha pasado, vuelves a quedar inactivo y dejas de estar motivado. Viene la siguiente tarea… y empieza el ciclo otra vez.

Mucha gente usa la procrastinación de una tarea de consumo importante para obtener la energía para hacer otras cosas que han estado posponiendo. Por eso es que, cuando tienes un reporte mensual muy importante para entregar el día siguiente, en lugar de terminarlo optas por devolver mensajes, limpiar tu escritorio y organizar tus carpetas. Si estás por mudarte en unas semanas hacia un nuevo lugar y tienes que empezar a empacar lo que tienes en el ático, te da por arreglar el cajón de tus medias o por abrir un nuevo sistema de carpetas en tu correo electrónico.

**Figura 4.2**

La procrastinación ha adquirido una mala reputación en la mayoría de los programas que enseñan administración y liderazgo —y con justa razón ya que es uno de los peores hábitos en estas áreas, asociado por lo general con pereza, debilidad, desorganización y falta de autodisciplina. Entonces ¿por qué todos procrastinamos? Bueno, parece que hay algunos beneficios en el hecho de postergar lo inevitable. En algunos casos la procrastinación hace más bien que mal.

## Beneficios de la procrastinación

1. **Energía:** este es el mayor beneficio porque te habilita para hacer lo que no querías hacer. En realidad tú no estabas planeando hacer esa tarea demorada o de lo contrario no la hubieras postergado tanto. Pero si esperas hasta que el temor a las consecuencias te mueva a actuar con respecto a ella, la carga de adrenalina te motivará a realizarla de inmediato. Y, como todo el mundo sabe, comenzar un proyecto que no quieres hacer es muy difícil. Si necesitas una ola de temor para forzarte a ocuparte de él, entonces la has encontrado al posponerla. Y ¡pum! La comenzaste, lo cual significa que ahora vas rumbo a culminarla.

2. **Enfoque:** este es el segundo mayor beneficio que obtienes al procrastinar y es la razón por la cual algunos *avanzan* bastante cuando están bajo presión. El temor es una fuente de energía extra así como de enfoque y concentración en la tarea que tenemos a mano. La adrenalina comienza a apurarnos a medida que se aproxima la fecha límite. De repente te niegas a tolerar interrupciones y distracciones —de visitas, correos o el teléfono— hasta que hayas terminado tu tarea. El temor puede despejarte y darte la misma clase de claridad mental que surge de una noche muy descansada o de un sorbo de cafeína.

3. **Velocidad:** si una tarea te toma por lo menos una hora para terminarla, y tienes justo una hora antes de que se te cumpla el tiempo límite, entonces no hay tiempo para perder. No te darás el lujo de siquiera tomar un descanso en algún momento ni dejarás que tu mente se distraiga ni le darás a tu tarea más tiempo del que necesita porque tu objetivo es tacharla en esa hora de tu lista de cosas por hacer.

**4. Menos esfuerzo:** no necesitas disciplina para empezar y mantenerte enfocado en una tarea, el tiempo límite y el temor a las consecuencias lo harán por ti. Te hubiera tomado mucha disciplina hacer ese reporte de cuatro horas unos días atrás o empezar a limpiar el ático de inmediato, pero ahora no necesitas de esa disciplina porque cuentas con ese *miedo* que te motiva a actuar. Esto es muy bueno ya que la disciplina no es divertida —¡y es difícil! Aunque parezca que se requiere de mucho esfuerzo para trabajar a todo vapor con tal de lograr algo en el límite de tiempo establecido, has utilizado el temor y la adrenalina que provienen de él para ocuparte de cumplir con tu tarea. No tuviste que hacer uso de toda tu energía para empezar tu proyecto.

¡Lo lograste! Ahora, es probable que te preguntes cada vez que procrastines: "¿Por qué hago esto?" La respuesta es clara: para tener la *energía* de hacer las cosas que no quieres hacer. De esta manera tu nivel de *energía* se eleva, te *enfocas* y tienes la capacidad de bloquear toda distracción. Tu *velocidad* es mayor debido a que logras adquirir tu propio ritmo para asegurarte de que harás tu tarea en el tiempo adecuado. Y te *esfuerzas* menos; ¡se te hace más fácil! Esos son los beneficios de procrastinar.

Suena bien, ¿cierto? A eso se debe que mucha gente diga: "Yo hago mi mejor trabajo en el último minuto". El temor les sirve como una motivación efectiva. Esperar hasta que el plazo se venza crea un ambiente de urgencia que genera eficiencia puesto que terminas tu trabajo en menos tiempo, y debe ser bueno, pero no estás midiendo la calidad, estás midiendo la cantidad, ya que, por lo menos, terminaste justo la cantidad de trabajo que necesitabas. La pregunta aquí es: ¿de verdad estás produciendo tu mejor trabajo a última hora con la misma calidad que si te dieras el tiempo apropiado para terminarlo?

Esta pregunta nos trae a las razones por las cuales la procrastinación tiene tan mala reputación.

## Aspectos negativos de la procrastinación

1. **Estrés:** te pones bajo estrés cuando procrastinas. La comunidad médica nos ha advertido acerca del estrés y nos ha ilustrado más que suficiente todos los riesgos que este acarrea. Aunque unas cuantas recargas de energía ante situaciones difíciles nos ayudan a sobrevivir, no debemos acostumbrarnos a ellas por largos periodos de tiempo. Construir un estilo de vida basado en procrastinar no es muy saludable ni relajante que digamos. El estrés fue al comienzo de los tiempos una manera de sobrevivir, pero sabemos que si te pones en la actitud de sobrevivencia durante largo tiempo, afrontas las consecuencias de sufrir agotamiento. ¿Cómo te sientes cuando has estado en un ciclo de procrastinación y te aceleras para cumplir con tus fechas límite durante un tiempo? ¿Agotado, estresado, cansado, desbalanceado, vencido? Ese no es un método acertado de trabajar ni administrar tu vida.

2. **Baja calidad:** la presión y la calidad tienen una mala relación. No se quieren entre sí. Cuando la presión sube, por lo general la calidad baja. ¿Alguna vez has visto a alguien sucumbir a la presión? Por ejemplo ¿a los atletas perder una competencia? ¿Propuestas llenas de errores tontos? ¿Gente contestando bobadas durante una entrevista de trabajo? ¿Qué tal cuando un producto sale al público porque se venció la fecha límite de lanzamiento y su patrocinador tiene que en-

frentar problemas de calidad posteriores a su lanzamiento?

Los proyectos y las tareas que se dejan para última hora por lo general carecen de perspectiva, propósito, claridad, reflexión, investigación, y de la retroalimentación de expertos en el tema. El temor a la fecha de vencimiento entorpece la creatividad y conlleva a un estilo de pensamiento obtuso. Si descubres que necesitas más tiempo del permitido, entonces estás comprometiendo el nivel de calidad al que llegarás cuando tu plazo se venza. Este puede también ser un impedimento para que otros involucrados hagan uso de sus habilidades y entreguen un trabajo de alta calidad debido a que están influenciados por el tiempo que tienes para ejecutar el trabajo.

Todos hemos sufrido este problema en los negocios. He visto empresas enviar propuestas de millones de dólares que se hicieron a última hora *con el nombre del cliente equivocado* escrito en ellas. He asistido a reuniones que les hicieron perder el tiempo a todos los participantes porque fueron un intento de reunión planeado a última hora. He visto clientes tomando acciones legales contra compañías porque se hicieron malos cálculos en los costos de los impuestos, los cuales se sacaron a última hora.

Cuando esperas hasta el último minuto por lo general no produces la misma calidad que cuando te das el tiempo necesario. Esto solo significa que deberías decidir con anterioridad la clase de calidad con la que quisieras que tu trabajo fuera asociado —y no permitir que sea la fecha límite la que decida eso por ti.

3. **Menos control y conveniencia:** la procrastinación también toma control de tu vida. Después de todo tú

tienes la libertada de elegir de qué manera vas a completar tu tarea respetando la fecha de entrega, pero una vez llegues a ella, la elección ya no es tuya. Entonces tienes que correr contra el reloj para terminarla. No tienes opción de atender a nada más y debes enfocarte en tu fecha límite hasta terminar lo que tienes entre manos.

El último minuto no es por lo general el mejor o más conveniente de los momentos para desarrollar ninguna tarea. Entre los beneficios de la procrastinación que mencionamos está la velocidad porque la energía y la adrenalina que experimentas como respuesta al temor de afrontar las consecuencias te motivan a acelerar tu ritmo de trabajo. Pero, ¿qué ocurriría si se te sale de control lograr hacer las cosas más rápido? Algunas tareas a veces toman más tiempo del que deberían, si las hubieras hecho con calma.

Por ejemplo, digamos que ves el bombillo de la gasolina encendido en tu carro y sabes que el tanque se desocupará dentro de 10 millas. ¿Quién o qué está al mando de lo que vas a hacer en ese momento? No eres tú. ¡Es el tanque! Así que mejor es que te apresures a buscar la ruta más rápida para llegar a la estación de gasolina más cercana en lugar de intentar acelerar para llegar más rápido a tu destino. Sin embargo, si hubieras parado el día anterior cuando todavía podías recorrer 50 millas antes de que se te acabara la gasolina, habrías podido parar en cualquiera de las gasolineras que viste en tu ruta a la casa sin ningún inconveniente.

Lo mismo ocurre al intentar hacer compras durante las horas de tráfico pesado. Gastarás dos veces más de tiempo tratando de llegar a cualquier lado en el tiempo que tienes disponible. ¿Qué tal cuando necesitas hacer una reservación para la fecha de San Valentín? ¡Olvídalo! Tendrás que llamar a más de 20 restaurantes para después decidir que lo mejor que puedes hacer es parar a comprar comida camino a casa (y enfrentar las consecuencias).

¿O has tratado alguna vez de terminar un proyecto a última hora solo para descubrir que necesitas información esencial de parte de alguien que está de vacaciones ese día? Si te ha ocurrido es muy probable que lo estés recordando en este momento, así como también recordarás lo que sentiste. No había forma de ocultar el hecho de que dejaste para lo último y que no respetaste el proyecto lo suficiente como para darle el tiempo, la atención y la planeación que merecía.

Cuando esperas hasta el último momento, renuncias a tu habilidad para elegir la cantidad más apropiada y conveniente de tiempo para cada paso en el proceso. Pierdes el control de la situación y le dejas al sonar de los dados o a la alineación de las estrellas el hecho de completar tu labor a tiempo. Y esa incertidumbre tiene implicaciones serias en tu vida profesional y en los negocios, así como en el aspecto personal.

## EL CONCEPTO FINAL ACERCA DE PROCRASTINAR

Ya que hemos sopesado los beneficios e inconvenientes que surgen de la procrastinación es hora para hacer un juicio final: cuando la calidad no es esencial, está bien procrastinar. La calidad de muchas tareas para prevenir, como revisar el correo de voz o electrónico, comprar comida, hacer lavandería o sacar la basura a tiempo, no se ve afectada al hacerlas a última hora. No hay reflexión, análisis, investigación, retroalimentación, lluvia de ideas ni razonamientos deductivos necesarios. ¡Así que usa esa fuente de energía y enfoque provenientes de procrastinar para realizar tus tareas preventivas o tareas tipo C! Nadie está juzgando *qué tan bien* sacas la basura, lo que interesa es que la saques. Y si logras pagar todas tus cuentas antes de que se venzan los plazos, entonces también estará bien. Deja que el temor de pasarte de un plazo de vencimiento te lleve a actuar para ejecutar todas aquellas tareas insignificantes que "tienes que hacer" y para las cuales no encuentras energía.

El problema con los procrastinadores crónicos es que ellos posponen *todo*: de la A a la C. Y la procrastinación no funciona cuando el límite de tiempo será tenido en cuenta y haya un récord de cada tarea. Terminarás arrepintiéndote de haber esperado tanto tiempo que tengas que ponerle tu nombre a un trabajo que no tenía tu verdadero estándar. *No debes usar el temor como tu motivador cuando la tarea que estás procrastinando requiere de unos estándares de calidad altos o específicos.* El temor es un motivador efectivo, pero deja de funcionarnos después de que hemos recibido consecuencias negativas del hecho. Y el estrés que causa es extenuante y roba más energía de la que produce. Piénsalo: ¿cómo te sientes después de un día de angustias de un lado para el otro y con retorcijones estomacales preocupándote porque vas a pasarte de una fecha de vencimiento? Difícilmente quieres hacer algo distinto a sentarte a ver TV o tal vez solo quieras tomarte un calmante para el dolor de cabeza e irte a acostar. ¿Cómo afecta todo esto tu vida familiar? ¡Es muy probable que no seas la persona más agradable con la cual pasar un rato! Y además vas camino al agotamiento.

Si el temor es tu fuente de energía, entonces tendrás que vivir procrastinando y procrastinado y causándote temor una y otra vez. Así es como la gente entra en ciclos de procrastinación, angustia y estrés que parecen transcurrir una y otra vez y para siempre hasta que se convierten en un estilo de vida. Eso es no saber buscar otras formas de hallar motivación.

Cuando nos comportamos de manera *reactiva* frente a una ráfaga de actividades que se vencen pronto y al tiempo, el estrés y grado de urgencia son altos, la calidad es mediocre o baja y la fecha de vencimiento es la que está en control de la situación. (Ver Figura 4.3).

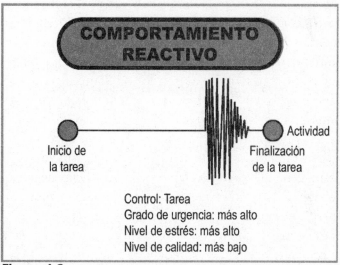

**Figura 4.3**

Pero cuando actuamos de manera proactiva el estrés y la urgencia son bajos, la calidad puede ser tan alta como sea posible y eres tú quien estás en control de la situación. (Ver Figura 4.4).

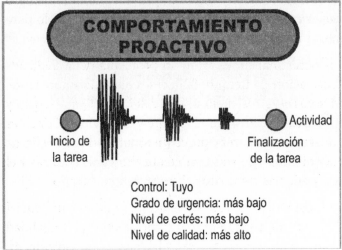

**Figura 4.4**

Cuando el nivel de calidad importa, tú necesitas generar la energía que requieres para hacer tu trabajo de otra fuente diferente al temor, una fuente que sea más confiable y saludable como tu deseo de ser un ganador. Ganar siempre nos motiva e inspira. Los procrastinadores crónicos que viven del temor de las fechas de vencimiento están renunciando a *ganar* —a lograr todo lo que en verdad desean tener en la vida— porque las tareas para ganar no tienen fechas límite ni consecuencias si tu no las realizas. Ellos siempre están pensando en función de lo que *tienen que hacer, que hacer y que hacer,* y nunca llegan a lo que *quieren hacer.*

Esperar a que el temor te motive es un modelo de conducta reactivo, no proactivo. En lugar de vivir bajo la premisa: "Yo hago mi mejor trabajo en el último minuto", ¿por qué no optar por el enfoque de "hacer el mejor trabajo cuando yo decido que mi trabajo debe ser el mejor" —y dejar los últimos minutos para tareas que no tengan mayor importancia? Realiza tu proyecto central primero y luego utiliza la energía que sientes al completarlo para realizar las tareas tipo C.

Procrastinar no es tanto un problema de la mala administración de tiempo. Si decides hacer lo importante, reducirás el estrés, mejorarás la calidad de lo que hagas, y retomarás el control de tu tiempo y de tu vida. Si decides ocuparte de las tareas preventivas antes de su fecha de vencimiento, entonces también te ahorrarás el estrés y el afán, y además retomarás el control de tu tiempo.

El siguiente capítulo muestra por qué es tan crucial tener control de tu tiempo y cómo afecta esto tu calidad de vida. Analizaremos cuál es la clave para controlar tu tiempo y cómo ponerle fin a la costumbre de procrastinar y abandonar así el estilo de vida reactivo asegurándonos de tener el suficiente tiempo para convertirnos en verdaderos ganadores.

# Capítulo 5

# Lo que significa para ti el hecho de entender el valor del tiempo

*"Comienza a hacer lo que quieres hacer. No estamos viviendo en la eternidad. Tenemos solo este tiempo que es tan fugaz como una estrella en nuestras manos y que se diluye tan pronto como un copo de nieve".*

—Sir Francis Bacon

Mirar el calendario siempre me ha hecho sentirme más inspirado de lo que me siento cuando simplemente pienso en el día que me espera. Veo las citas que tengo pendientes y el bloque de hojas correspondientes a cada semana o mes como lo que representan: un periodo finito de tiempo con un comienzo determinado y un final igual. Ver esto me hace comprender que una vez que llegue a la última cita, daré vuelta a la página —y no habrá retorno. Lo que sea que haya hecho durante esas citas, lo que sea que haya experimentado durante ese tiempo, para bien o para mal, se habrá ido para siempre— y junto con ello, las oportunidades que surgieron. Y de solo pensarlo me siento más comprometido a hacer que cada momento de mi vida valga la pena.

Tal vez se haya vuelto más evidente para mí, a medida que los años pasan y me hago más adulto, que mi vida es una compilación de páginas. Ellas representan lo que he hecho, visto, sentido, logrado, afectado, influenciado, pensado, aprendido y triunfado, y también fracasado, durante todo este tiempo. Cada interacción con amigos, familia, conocidos, clientes, vecinos y extraños, que tuvo lugar durante algún momento, ahora es parte de mis relaciones con ellos, para bien o para mal. Me hace afrontar cada uno de esos encuentros con cuidado, tratarlos como si el recuerdo de cada uno durara para siempre y no se pudiera modificar —porque no se puede.

Eso es lo ocurre con el tiempo. Se mueve en una sola dirección: *hacia delante*. Es una de las reglas de la vida que le fascinan al ser humano y atraen su atención. Infinidad de gente creativa ha hecho películas y publicado libros sobre la posibilidad de tener una segunda oportunidad para volver a intentar algo en particular y retroceder el tiempo solo hasta el momento antes de decir lo que estuvo mal dicho logrando así otra opción para decirlo mejor y prevenir una tragedia, y construir un momento perfecto —o detener el tiempo para que ese momento se convierta en un instante imperecedero. Sentimos fascinación ante la idea de viajar en el tiempo, bien sea hacia el pasado o al futuro porque cambiaría el rumbo de nuestra vida de manera definitiva.

De otra parte, está la belleza de la finalidad del tiempo: el hecho de que nada puede cambiar un momento perfecto o triunfante ni un recuerdo de los que prevalecen para siempre. Podemos revivir en la memoria el día que ganamos una medalla de oro durante unos juegos olímpicos, pero nunca podremos alterarlo: quedará intacto para siempre. Un descubrimiento científico o una invención se perderían para siempre en el tiempo, podrían reconstruirse o cambiarse, pero en lugar de eso se conservarán por siempre en la memoria del progreso de la humanidad. Y un dolor intenso o un desastre se van haciendo llevaderos solo con el paso del tiempo. Ese es el movimiento de la vida, solo hacia delante, y para bien o para mal, así es como funciona.

Es de esos momentos —de triunfos y derrotas, perfectos o desastrosos— que aprendemos a tomar las mejores decisiones y a apreciar la naturaleza efímera del tiempo, sobre todo en lo que se refiere a las oportunidades que todos tenemos. Aprendemos cómo el tiempo significa vida. Entre más viajamos por este camino, más obvio se vuelve el hecho de que tu tiempo *es* tu vida, la totalidad de lo que has hecho con cada precioso momento, con cada día, con cada parte de tu existencia. La vida está compuesta por millones de segundos que transcurren uno tras otro. Y cuando tú aprecias esa conexión, empiezas a pensar en el tiempo de una manera un poco distinta.

Mucha gente tiende a ver su vida como una serie de experiencias que van desde la niñez hacia la vida adulta, con eventos trascendentales como las graduaciones, casarse, tener hijos, iniciar una carrera o trasladarse a una nueva ciudad, e inclusive aquella época durante la juventud en la que pasamos mucho tiempo con buenos amigos en nuestros lugares preferidos. Vemos el pico de la montaña desde la distancia y no pensamos en las minucias del día a día. Esa es una vista más reflexiva de lo que debería ser. Sin embargo esta jornada de experiencias, pensamientos y crecimiento cuenta la historia de quienes somos desde el comienzo hasta el fin.

Un minuto en especial a lo mejor cuenta más que otro en tu memoria, pero en realidad, un minuto de tiempo no es más largo ni más importante que otro, cada uno tiene el mismo porcentaje de tu vida. Nuestros recuerdos le dan mayor *significado* a un tiempo que a otro de acuerdo a lo que hayamos hecho con él. El minuto que invertí hace años haciendo mis votos y diciéndole a mi esposa: "Sí, acepto", es más *significativo* para mí y para mi vida que el minuto que gasté echando a lavar mi ropa esta mañana. Sin embargo los dos son periodos de 60 segundos.

Eso no significa que echar la ropa a lavar o disponerse a hacer cualquier tarea preventiva no valgan la pena. Como todos sabemos, cuando empezamos a ver que el tiempo es una fuerza inamovible e incambiable —y que el paso de cada unidad de tiempo es vital para lo que es la totalidad de nuestra vida —es allí cuando empezamos a verlo de manera distinta.

Es obvio que no podemos invertir todo el tiempo pensando cómo hacer para lograr que cada minuto cuente en el cumplimiento de nuestras metas. Si lo hiciéramos, nunca terminaríamos ninguna de las labores que nos mantienen al día en el trabajo y en el hogar. Esta idea de que el tiempo es vida no tiene como objetivo presionarte para que trates de hacer algo extraordinario con tu siguiente hora. Simplemente intenta que te vuelvas más consciente de cómo se ha desenvuelto tu vida hasta ahora y cómo se desenvolverá en el futuro. Las decisiones que has tomado sobre la manera de invertir tu tiempo son la causa de los resultados que estás experimentando, y que han hecho que tu vida sea como es hoy.

Sabemos que las tareas que "tenemos que hacer" son necesarias para estar al día. Son las tareas que "no tenemos que hacer", las tareas para ganar tipo A, las que nos distinguen de las demás personas, las que hacen cada vida valiosa y además hacen de nosotros quienes somos hoy. No sé si alguna vez hayas conocido a una persona a la que puedas describir así:

"Bueno, respira todos los días, se baña los dientes a diario, come a diario, de vez en cuando lava su ropa, va a trabajar, y saca la basura".

¡Vaya, qué legado tan diferenciador! No describimos a nadie así porque *todos* tenemos que hacer eso mismo. Ninguna de nuestras tareas preventivas nos hacen diferentes a los demás. Los resultados que obtenemos a diario no están determinados por aquello que "tenemos que hacer".

## EL VALOR DE UN MINUTO

Cuando comiences a apreciar que tu vida está compuesta por cada una de las unidades continuas de tiempo para que las uses como mejor te parezca, procurarás que cualquier cosa que estés haciendo en determinado momento sea *tu mayor prioridad en ese instante*, por el simple hecho de que eso fue lo que elegiste hacer. Pero no digo esto para llevarte a actuar o a convencerte de que hagas algo distinto a lo que has estado haciendo. Es una simple observación: si estás sacando la basura en estos momentos, entonces significa que sacarla es lo más importante que deberías estar haciendo *justo ahora*. Es obvio que sacar la basura no es importante para ti en el gran esquema de tu vida, pero cuando te dices a ti mismo: "La sacaré a la calle ahora mismo antes de que empiece a apestar" es porque es la mejor decisión que puedes hacer —y lo más importante que deberías estar haciendo en ese momento. Si no fuera así habrías elegido hacer algo más y dejar que la tarea de sacar la basura esperara. Como todos sabemos, hasta en nuestros momentos más agradables surgen tareas preventivas, y en algunas ocasiones, con un carácter urgente. Pero eso no cambia su esencia: siguen siendo fastidiosas tareas preventivas. Sin embargo, cuando determinas que necesitan tu atención en ese momento, has decidido que hacerlas es justo la mejor manera de usar tu tiempo.

Es raro que tomemos una decisión de manera *consciente* con respecto a nuestras mayores prioridades en la vida en un solo instante. Lo mejor que podemos hacer por lo general es tomar unos minutos para planear el transcurso del día y, si es un gran día, mantener el plan en mente a medida que el día avanza. Sin embargo tomamos incontables decisiones a nivel subconsciente: trabajar, dormir, relajarnos, descansar, navegar por la Internet, revisar las páginas sociales, hacer ejercicio, manejar —los ejemplos son innumerables. Muchas veces el mejor uso del tiempo es ir tras una meta para ganar, ya sea que se trate de una meta creadora como buscar un mejor empleo o de una meta de consumo como salir a divertirte en la noche; a veces el mejor uso de tu tiempo es prevenir inconvenientes porque las consecuencias no serían divertidas.

Con cualquier decisión que tomes hay un costo por esa elección, de la misma forma en que ocurre con tu dinero. Si decides gastar $20 dólares en algo, no puedes gastarte esos mismos $20 dólares en otra cosa. Mucha gente entiende eso, independientemente de que se adhieran o no a esa premisa y tengan la disciplina para mantenerse allí. Si tú tienes $10 dólares en tu billetera y los gastas en tu almuerzo, ya no tienes esos $10 dólares. Esa fue tu elección, nadie te forzó a tomarla.

Lo mismo resulta cierto con tu tiempo: si decides gastarlo esta noche haciendo una cena y viendo una película, entonces esa es tu mejor forma de emplear tu tiempo y tu mayor prioridad de la noche. Sin embargo no puedes gastar ese mismo tiempo yéndote a dormir temprano ni haciendo ejercicio en el gimnasio ni leyendo un libro o escalando una montaña. Ya elegiste lo que harás con ese tiempo —y esa elección eliminó cualquier otra acción.

Quizá estás leyendo este libro mientras vas en un tren. Podrías estar leyendo correos o mirando por la ventana o cerrando tus ojos y pensando en lo que pasó durante el día, pero decidiste que leer un libro acerca de tomar mejores decisiones era la mejor forma de emplear tu tiempo ahora mismo. (¡Excelente elección!) Cada vez que elijas hacer algo estás determinando, de manera consciente o no, que esa opción es el mejor uso que puedes darle a tu tiempo. Ya sea que la elección haya sido *buena* o no, es tu opinión y debería estar basada en tu conveniencia —independientemente de que te produzca o no los resultados deseados. Si fue una buena película, o incluso si no lo fue, pero te dio la oportunidad de relajarte, entonces debes estar complacido con tu elección. Tú debes ser el *dueño* de todas las decisiones que tomes acerca del uso de tu tiempo antes de disponerte a hacer lo que sea que decidas. Recuerda que tu tiempo es *tu vida* y debes tomar tus propias decisiones para que así mismo seas tú y nadie más quien ejerce control sobre tu *vida*.

Digamos que te arrepientes de tu decisión, que la película era mala y no te relajaste, y que desearías haberte gastado tu tiempo y dinero en otra cosa. Es decir, hiciste una mala decisión. A veces eso ocurre y aprendes de ello. Ese deseo de haber hecho otra elección significa que no valoras lo que elegiste tanto como si hubieras elegido de otra forma. En últimas, lo que elegimos para invertir nuestro tiempo y dinero es lo que tiene valor para cada uno de nosotros. Como les he dicho a muchos clientes a lo largo de los años: "Muéstrame tu calendario y el extracto mensual de tu tarjeta de crédito y te diré lo que valoras". Tu familia, hogar, carrera, pasatiempos y donativos son todos indicativos de lo que apreciamos. Algunas son elecciones que hemos hecho desde hace tiempo, otras implican responsabilidades y tareas preventivas tales como el hecho de ser dueño de una casa o tener familia. Hay quienes decidieron que estarían mejor si vivían en una casa, tenían una relación e hijos, un trabajo y ese carro que manejan. Esas son *decisiones*. Y cuando las vemos solo en función de lo que tenemos que hacer para mantenerlas, entonces necesitamos ajustar, ya sea nuestra actitud o nuestro estilo de vida, y encontrar maneras de tomar mejores decisiones a largo plazo a partir de ahora. Toda acción y elección tienen un resultado, ya sea negativo o positivo, a largo, mediano o corto tiempo. Cuando comienzas a ser dueño de tus propias elecciones, también comienzas a ser el dueño de los resultados —y tienes mejor control sobre ellos. Esa es la diferencia entre avanzar liderando tu vida y simplemente administrar lo que *te ocurra* sin que tú lo hayas provocado.

Cuando comienzas a ver tu tiempo como tu recurso más valioso e irremplazable, ves que *vale la pena* controlarlo. Lo que elijas hacer con él refleja tus prioridades y produce los resultados directos que recibes. Mi meta es que veas el tiempo desde esa perspectiva. Tu vida es el producto de todas las decisiones que has hecho sobre cómo emplear tu tiempo —hasta este punto. Si entiendes las oportunidades que el tiempo te presenta, entonces puedes usarlo para mejorar tu vida y continuar tu camino.

## ENTENDIENDO HACIA DÓNDE VA NUESTRO TIEMPO

Para comenzar a tomar mejores decisiones sobre el uso del tiempo necesitamos entender en primer lugar qué copa nuestro tiempo. Es posible clasificar muy bien todo lo que hacemos a diario en tres categorías: hábitos, cosas por hacer y eventos programados.

*Los hábitos* son todas las actividades en las que empleamos el tiempo y que no tenemos que anotarlas ni pensar en ellas porque por lo general no se nos olvida hacerlas. Eso incluye nuestra rutina diaria: dormir, lavarnos los dientes, comer, manejar hasta el trabajo, leer antes de ir a dormir, ver las noticias al llegar a casa. Estos no son eventos especiales, son la misma cosa una y otra vez, ocurren desde el momento en que nos despertamos, sentimos hambre, vemos el reloj despertador, etc. Si tú sabes que necesitas irte a las 7:15 a.m. todos los días para llegar a tiempo a tu lugar de trabajo, entonces hacerlo así se convierte en parte de tu rutina. No es algo que necesitas escribir cada día para que no se te olvide, es una parte fija que constituye tu día.

*Los hábitos* influencian gran parte de nuestra vida, como por ejemplo la higiene, la salud, comer, relajarnos, hacer ciertos oficios, (como lavar la loza) y tareas rotativas (como revisar el correo de voz y el electrónico varias veces al día). Ellos están implícitos en el piloto automático de tu cerebro, lo cual significa que puedes concentrarte en hacer y planear ciertas cosas mientras estás haciendo otras. Puedes pensar en qué decir en tu primera reunión del día mientras te estás duchando y cepillándote los dientes en la mañana, pensar en qué decir durante la llamada con el cliente a medida que vas manejando hacia tu trabajo, mirar TV al mismo tiempo que lavas la losa después de la cena. Algunas tareas por hacer están inscritas en tu cerebro e incluso no estás completamente involucrado en ellas a medida que las ejecutas porque las has hecho tantas veces que simplemente estás siguiendo tu instinto. Aunque los hábitos no son por lo general asuntos de importancia, de todas maneras consumen tiempo. Los minutos que usas para ellos no son minutos que te sobran ni que vas a recuperar al final del día. Debes tener en cuenta los hábitos y las rutinas cuando analices en qué gastas tu tiempo a diario.

Tu *lista de cosas por hacer* incluye tareas de mantenimiento que no quieres olvidar: actualizar un folder, enviar un memorando a todo tu departamento, reportarte con algún cliente, enviar un correo, elaborar un reporte de gastos, ir a la lavandería, comprar comida, escoger un regalo, pagar una cuenta, organizar, etc. La lista de cosas por hacer son todo aquello que te mantiene ocupado, es decir, las mundanas tareas preventivas que tienes que hacer independientemente de que tengan o no una fecha de vencimiento. Incluso si tienes que hacerlas hoy, esas tareas tienen flexibilidad de tiempo porque por lo general no les asignas una hora específica para hacerlas como harías por ejemplo con una cita.

*Los eventos programados* son aquellos que requieren de un tiempo específico: reuniones, citas, y todo lo que tenga que estar listo en un tiempo determinado ya sea en cuanto a los negocios, la profesión o la vida personal. Como resultado de hacer algo dentro de un tiempo específico tienes que arreglártelas para disponer de ese tiempo para que no se te cruce con otras tareas. Una cita podría influir en cómo vaya el resto de tu día y dónde puedas estar o no antes y después de ella. Debido al trabajo extra que requieres para hacer tu horario, cumplirlo y defender el espacio para cada tarea que tienes que hacer, tiendes a reservar tiempo para lo importante. Si ocurre algo inesperado en tu calendario, tienes que estar listo para cancelar antes de que incumplas la cita o evento que tenías previsto. No te molestarás en defender el tiempo para hacer algo que no sea realmente importante para ti. Incluso el tiempo que pasas yendo de compras o con tus amigos es un evento que debería estar dentro de tu calendario programado una vez hayas decidido que en eso lo vas a invertir.

Esas maneras en las que inviertes tu tiempo cuentan en relación con lo que haces día a día. ¿Es realmente parte de tu vida si lo que vas a hacer no está dentro de estas tres categorías que hemos visto? Tus hábitos, lista de cosas por hacer y eventos programados consumen tu tiempo —y por consiguiente, tu vida. Así que ¿cómo podemos administrarlo o emplearlo un poco mejor para sacarle en mejor partido posible?

## TOMA LAS MEJORES DECISIONES
## CON RESPECTO A TU TIEMPO

Analiza primero si tus hábitos están funcionando a tu favor o en tu contra. ¿Necesitas modificar algo con respecto a ellos? ¿Hay algo de lo que haces a diario que podría ser mejor, más saludable o más eficiente? Si es así, cambiar ese hábito sería una excelente tarea para ganar. Por ejemplo, si cuando vas camino de tu trabajo a tu casa a comprar comida chatarra todos los días decides cambiar ese hábito para empezar a comer más saludablemente en casa, tu vida será mejor mañana de lo que es hoy. Tu primer paso al cambio es parar en el supermercado y comprar comida para prepararla en casa. Si estás satisfecho con tus hábitos y rutinas, entonces ten presente la cantidad de tiempo que pasas en cada una de ellas.

Haz una lista diaria de cosas por hacer para prevenir inconvenientes, para que no se te olvide ninguna y termines procrastinando hasta el último minuto. Si puedes hacerlas por adelantado con la ayuda de tu lista, estarás más en control de tu tiempo. (¡Y hasta te ahorrarás multas por no pagar puntualmente algunas cuentas!).

Esas son las cosas fáciles de hacer. Nadie tiene que recordarte que anotes en tu agenda tu reunión con un cliente, y ni siquiera una cita odontológica, porque esas son actividades fundamentales, además están dentro de una fecha límite o de una hora precisa. Pero, como ya sabemos, *las metas no tienes esos plazos*. Sin embargo ten presente que, incluso si ya las has identificado y escrito, nunca las cumplirás si no te *comprometes a disponer del tiempo para trabajar en ellas*. Tu tiempo siempre será para otras cosas y dejarás en segundo plano tus metas día tras día para trabajar en tus tareas preventivas. Tus metas no tienen fechas de expiración ni plazos de vencimiento cuando alguien venga y te pregunte: "¿Ya cumpliste tus sueños?"

Tampoco desarrollarás una tarea tipo A, y ni siquiera una tipo B, mientras estés en modo de piloto automático porque ellas sí requieren de tu mente enfocada en ellas, de que pienses muy bien lo que vas a hacer para ejecutarlas. Tareas como estas requieren una parte distinta de tu cerebro: primero que todo, la corteza prefrontal, en donde toman lugar las actividades mentales complejas, y para llegar allí tienes que estar pensando en modo de sobrevivencia.

Aquí es donde tu calendario adquiere importancia. Desarrollar hábitos saludables y eficientes, y utilizar tu lista de cosas por hacer, son habilidades administrativas muy lucrativas en términos de tiempo, pero tu calendario es la herramienta que te sirve para dejar de *solamente administrar* tu vida para pasar a liderarla *avanzando hacia tus metas*.

## TE OCUPAS DE TUS METAS PARA GANAR ESCRIBIÉNDOLAS EN TU CALENDARIO

¡Es así de sencillo!

> La razón por la cual mucha gente falla en alcanzar sus metas es porque no se ha comprometido a defenderlas asignándoles un tiempo específico para trabajar en ellas.

Una vez que hayas apartado un espacio en tu calendario para trabajar en el cumplimiento de esa meta, no programarás nada más durante ese tiempo. Podría ocurrir que no lo has hecho todavía porque te la pasas tratando de encontrar el tiempo para hacerlo, pero después de trabajar todo el día en tareas preventivas no es muy probable que digas: "¡Vaya! Me siento con energía, estoy motivado, estoy pensando en mi futuro ¡y voy a mejorar mi vida!" Eso ocurre cuando la gente se inclina hacia sus metas de consumo, como por ejemplo dedicando una noche para divertirse, pero no trabajando en una meta creadora. Si estás esperando a tener el tiempo disponible, es hora de hacer un pare porque no lo has tenido ni lo tendrás. La única forma de tomar un descanso con respecto al ciclo de tareas preventivas es escribiendo tus metas en el lugar en el que escribes todo aquello que estás dispuesto a defender: en tu calendario. Tú no defenderías una tarea como sacar la basura porque en determinado momento podría valer la pena dejar de sacarla para hacer otras cosas más importantes con ese tiempo. (Ver Figura 5.1).

**Figura 5.1**

Defender tu tiempo no es fácil. Decir "no" a actividades atrayentes y a sugerencias para que abras un espacio entre todo lo que has programado es un recordatorio constante de qué tan importante son para ti los resultados que quieres lograr.

¿Qué merece más esfuerzo que defender el tiempo que tienes designado para trabajar en tus metas? Si vas a hacer tanto trabajo y a tener la disciplina para ceñirte a ellas, más te vale que los resultados valgan la pena.

Inclusive después de que hayas invertido todo el tiempo y energía planeando lo que vas a hacer para convertirte en un ganador, si no lo fijas en tu calendario, no pasará. Es cuestión de alinear tus acciones con tus palabras. Si dices que algo es importante para ti, entonces da el siguiente paso y asegúrate de demostrar qué tanto en realidad te importa. Si priorizas en relación a los resultados de los que hablamos en el Capítulo 3, tratarás a tus metas con la prioridad que ellas merecen basado en los resultados que sabes que te producirán.

En esencia, trasladando tus metas a tu calendario estás haciendo una cita con ellas. Estás dándoles un tiempo específico para encaminarlas hacia los resultados que deseas. Escribiéndolas en tu calendario es donde el proceso comienza. Allí es donde empiezas a ganar.

## ¿POR QUÉ ESE MÉTODO FUNCIONA?

Digamos que tienes una cita odontológica para el próximo martes a las 2:00 p.m. pero surgió algo importante y no puedes cumplirla. ¿Qué haces? La mayoría de la gente llama al consultorio odontológico para cancelarla y reprogramarla. Sería irrespetuoso ignorarla y simplemente no aparecerte, lo más seguro es que tengas una buena relación con tu odontólogo y no querrás mostrarle esa clase de irrespeto. Así que el simple hecho de que la cita fue puesta en el calendario te hará respetarla lo suficiente y por eso la mantienes allí incluso hasta el punto en que te obligue a ver a tu odontólogo. Lo mismo ocurre con tus tareas para ganar. Si las programaste en tu calendario, incluso si ocurre un incendio, podrás volver a reprogramarlas para la próxima vez que tengas disponible y tienes menos posibilidades de olvidarte del asunto.

Usar el calendario para darles a tus metas la atención que merecen marca la diferencia entre *estructura* y *disciplina*. Si programas tiempo en tu calendario para trabajar en tus metas, entonces tienes que defender ese tiempo y decir "sí" o "no" cuando sea el momento de tal manera que tengas mayor probabilidad de trabajar en ellas que si nunca te programas. Si ya lo tienes programado, quiere decir que ya también estructuraste tu día —y no necesitarás de mucha disciplina para trabajar en lo que quieres proponerte. Si no está en el calendario, entonces lo que tienes es solamente un sueño o una "buena idea" dando vueltas en tu mente y lo que necesitas con urgencia es tener la disciplina para volver realidad lo que está en tu cabeza. Y eso es difícil de lograr cuando siempre estás en función de prevenir inconvenientes y consecuencias. A este punto ya sabemos que si anotamos una tarea para ganar justo al pie de una preventiva, esta última siempre ganará debido a que tu vida ha girado hasta ahora en torno a tus hábitos y prioridades administrativas. Tu cerebro está ocupado en tu sobrevivencia, y esta es una responsabilidad que nunca termina.

Incluso después que terminas estas tareas y quedas exhausto con la sobrevivencia diaria, encontrar la disciplina para levantarte de sofá y dedicarte a las tareas que te llevarán a convertirte en un ganador te parecerá difícil, si no imposible. Por eso es que nunca funcionará tratar de "encontrar tiempo" para llegar a ellas después de haberte ocupado en tu sobrevivencia. Sin embargo, si tienes una cita puesta en tu calendario, te es más fácil encaminarte hacia ellas sin necesidad de mayor disciplina. Organizarás tu día en torno a ellas, pondrás a un lado las tareas preventivas cuando sea la hora de tu cita, respetarás ese tiempo y es así como lograrás hacer realidad tus metas de ganador. Nunca va a haber tiempo suficiente para hacer todo lo que tenemos que hacer, pero es cuestión de hacer un horario y respetarlo. No es cuestión de si tienes tiempo sino cuestión de respetarlo para cada asunto que planeaste independientemente de todo lo que tengas que hacer. Es cuestión de qué tan dispuesto estás a quedarte rezagado en cuanto a tus tareas preventivas para ir tras las ganadoras y hacer que tus resultados sean más significativos. Permite que tu calendario te provea la disciplina que requieres. Si de verdad quieres alcanzar tus tareas tipo A y tacharlas de tu lista de cosas por hacer y de tu calendario, defiende tus citas, no defiendas una lista flexible de cosas por hacer.

Por ejemplo, ¿qué será lo primero que harás si yo te digo que nos encontremos el lunes en la noche? Chequearás tu calendario para ver si tienes algo programado para ese día y hora. ¿Y qué tal el martes en la noche? Chequearemos una y otra vez nuestros calendarios para encontrar una noche que los dos tengamos disponible. ¿Qué ocurrió allí? Que los dos defendimos nuestro tiempo y lo que fuera que tuviéramos por hacer; no estábamos chequeando nuestra lista de cosas por hacer ni dijimos: "Tengo que contestar algunos correos en lunes en la noche, así que ese día no puedo". Un horario planeado debe estar siempre por encima de una lista flexible de tareas por hacer.

Utilizar el calendario *versus* la lista de cosas por hacer afecta nuestro nivel de compromiso con lo establecido. Si me pides que te envíe un artículo que acabamos de discutir, lo *primero* que hago es comprometerme a hacerlo—y lo agregaré a mi lista de cosas por hacer *después* que decida comprometerme. Si me propones que nos encontremos el lunes, yo *primero* chequeo mi calendario para ver si ya me he comprometido con algo esa noche y no te confirmaré si puedo sino hasta *después* de revisarlo. Esa es la diferencia en términos de respeto que tenemos que darle al calendario *versus* la lista de cosas por hacer.

¿Por qué no revisé mi lista de cosas por hacer antes de comprometerme? Porque las tareas no tienen la misma prioridad que las *citas*. Las tareas son flexibles en el tiempo y puedes manejarlas hasta que la fecha de vencimiento esté próxima. Sin embargo las citas tienen un tiempo específico y son más difíciles de cambiar. Yo puedo enviar por correo un artículo en cualquier momento, pero en cambio sí tengo una hora precisa para encontrarme contigo. Por eso es recomendable que consultes qué citas tienes pendientes antes de tomar decisiones que involucren tiempo. Además, a la hora de planear debes separar las tareas para sobrevivir de las que son para ganar. La lista de cosas por hacer es para ayudarte en tu sobrevivencia diaria mientras que las tareas para ganar deben ir en tu calendario.

Entonces ahora la cuestión es preguntarte: ¿qué de lo que hay en tu lista de cosas por hacer *debería* pasar a tu calendario?

## EL PRIMER PASO: ESCRIBE TUS METAS EN TU CALENDARIO

Cuando has identificado una meta que es demasiado amplia como para alcanzarla de una sola vez —como la mayoría— es aconsejable dividirla en pasos interinos.

Regresa a la lista de metas que elaboraste durante tu lectura del Capítulo 1. Elije la que quieres comenzar a desarrollar y haz una lluvia de ideas sobre los que necesitas para alcanzarla. Es posible que no tengas muy claro al principio lo que debes hacer, pero poco a poco irás comprendiendo qué pasos necesitas dar a lo largo del proceso. A medida que aprendes más y te vas acercando a tu meta descubrirás qué más necesitas aprender, investigar o hacer, pero sí puedes comenzar por hacerte unas preguntas básicas y por elaborar una lista de pasos fundamentales. Tus preguntas preliminares durante la lluvia de ideas a lo mejor se parecen a los siguientes ejemplos:

**Ejemplo de lluvias de ideas y preguntas o pasos necesarios para comenzar a cumplir una meta**

- ¿Qué tiene que pasar primero?
- ¿Hay otras personas involucradas?
- ¿Cómo descubrirás el proceso adecuado?
- ¿Conoces a alguien que te dé información o guía sobre cómo lograr algo como lo que te propones?
- ¿Es posible que algunos profesionales o gente especializada te den consejos o compartan contigo sus experiencias?
- ¿Qué recursos (tiempo, dinero, personal, equipo) necesitarás y cómo haces para conseguirlos?
- ¿Cuánto te tomará el proceso? ¿Cuál sería un marco de tiempo indicado?
- ¿Quiénes deberían participar? ¿Tu jefe, tu familia, tus asociados?
- ¿Qué otros accionistas están involucrados en el cumplimiento de esta meta?
- ¿De quién más necesitas apoyo?
- ¿Qué riesgos debes tener en cuenta?
- ¿Qué investigación debes hacer?
- ¿Hay necesidad de entrenamiento o práctica?

Como las metas son únicas, no todas estas preguntas son pertinentes a cada meta. Habrá distintos puntos de inicio para cada una y unos serán de orden profesional y otros de corte familiar, etc. Sean cuales sean las preguntas, este debe ser siempre el *primer* paso. Comienza por planear una sesión corta en tu calendario para hacer la lluvia de ideas y preguntas iniciales correspondientes a tu meta. Puedes disponer de 15, 20 o 30 minutos, dependiendo de la complejidad del asunto. Luego, de esa lista, identificas cuál es el primer paso a seguir para tomar *acción*. Si una sesión no es suficiente, busca en tu calendario y planea *otra* cita de 30 minutos y trata de avanzar en tu meta. Una vez te hayas encaminado y puedas empezar a dar el paso inicial —sin importar qué tan corto sea— *eso* será lo siguiente que escribas en tu calendario.

Tómate el tiempo para anotarlo de inmediato, no prosigas hacia tu siguiente cita hasta no haber apuntado la siguiente tarea para trabajar en tu logro. Búscale una fecha disponible durante este mismo mes, aunque sea si solo se trata de 5 minutos para hacer una llamada o para iniciar una búsqueda de material vía Internet, pero escríbelo en tu calendario para que saques el tiempo y lo hagas. Luego, cuando ya hayas terminado de hacerlo, busca otra vez en tu calendario la siguiente cita disponible.

Organizar los pasos que dedujiste durante la lluvia de ideas según sea el orden en que los vayas a ejecutar es diagramar el proceso. Es como hacer un mapa del camino a seguir desde donde estás hasta dónde quieres llegar. Una vez tengas ese diagrama puedes programar los primeros pasos y actuar de acuerdo con ello. Poco a poco irás agregando o quitando algunos a lo largo del camino. Entre menos intimidantes sean tus pasos iniciales, más probable será que los des ya que estás identificando las dificultades que hallarás en la vía que empieza donde estás y conduce hacia dónde quieres ir hasta convertirte en un ganador.

Si logras dar algunos de estos pequeños pasos iniciales, estarás en camino a dar los más retadores. Tu compromiso hacia tu meta crecerá por el simple hecho de que *empezaste a andarlo* —y ese compromiso es la herramienta más importante que tienes para cumplir tu tarea. Programar hoy entre 15 y 30 minutos para trabajar en tu meta llevará de manera significativa tu negocio o tu vida hacia delante llevándote cada vez más cerca de tu meta. El solo pensamiento de que has estado defendiendo este tiempo y trabajando en tu meta ganadora hoy te dará la energía necesaria para realizar tus tareas preventivas antes y después de dicha cita.

*Debes programar* en tu calendario cada tarea individual que corresponda a tu meta ganadora. Cuando cada una de ellas pertenece a una meta pero no tienen una fecha límite o un tiempo exclusivo para cada una, estas tareas son flexibles en el tiempo —y así se quedarán. Y, a menos que les asignes un tiempo específico, no las harás.

## ¿NECESITAS EJEMPLOS?

El proceso de lluvia de ideas y luego la diagramación de los pasos para cumplir una meta es crítico. Veamos algunos ejemplos sobre cómo es posible comenzar a trabajar en algo que has deseado durante largo tiempo pero no has actuado de ninguna manera para lograrlo.

Digamos, por ejemplo, que tu meta más deseada es tener tu casa propia para recibir una renta de ella. Has decidido que esta es una meta que vale la pena porque te producirá tanto una entrada financiera como mucha satisfacción, además te servirá para desarrollar toda tu creatividad e ingeniosidad si tienes que arreglar algo en ella. El problema es que tú no sabes nada acerca de cómo ser un dueño de casa ni de administrar la entrada financiera que produce una propiedad de finca raíz, y cuentas con muy poquito tiempo para llevar a cabo esta meta y como resultado la aplazaste por cinco años. Sin embargo ves con envidia a gente que tiene su propiedad y tu no has hecho nada para tener la tuya.

Tu primer paso es —sorpresa— empezar a hacer una lluvia de ideas. Haz una lista de la gente que podría servirte como fuente de información sobre cómo empezar tu marcha hacia esa meta. Seguro pensarás en un agente de finca raíz, en alguien que trabaje en una oficina de préstamos, en un contratista, un contador, e incluso en algún amigo que sea dueño de una propiedad y sepa cuáles son los pormenores de todo lo que él ha aprendido del tema en su recorrido. ¿Tendrás un socio en este proyecto cuyos conocimientos tú necesites?

También es una buena idea pensar en recolectar información de fuentes como libros, así como en páginas en Internet que se relacionen con el tema. Allí encontrarás precios de propiedades de finca raíz en el área donde deseas comprar, junto con el potencial que tienen en el momento de arrendarlas según sea el historial del lugar. El siguiente paso sería revisar tus finanzas para determinar si estás en la capacidad de embarcarte en esa aventura. Entonces a lo mejor a este punto ya estés preparado para empezar a mirar listas.

Todo esto puede ocurrir muy rápido una vez hayas comenzado o a lo mejor te tome un año o más tiempo antes de que encuentres un lugar que valga la pena comprar. Algo sí es seguro: *nunca* pasará si no das el primer paso para educarte a ti mismo en el proceso.

Digamos que tu meta más añorada es estudiar en una escuela de leyes porque deseas tener el conocimiento y las habilidades provenientes de ser abogado. A lo mejor quieres comenzar una carrera en una firma de abogados o solo pretendes mejorar tu carrera actual. Pero la cuestión es que no has estado en un salón de clases desde hace tiempos y también necesitas decidir si estudiar tiempo completo o solo en las noches. Para orientarte haces una búsqueda en Internet sobre las mejores escuelas de leyes en tu área que ofrecen clases en la noche. Además deseas saber qué oportunidades de trabajo y salario tienen los abogados recién graduados. También quieres saber los requisitos de admisión para empezar a buscar cursos que te ayuden a prepararte para presentar tu examen de admisión. A lo mejor te interese saber si existe algún tipo de ayuda financiera o préstamos a estudiantes. Lo que sea de lo que se traten tus primeros pasos siempre existe un camino apropiado que te llevará al cumplimiento de tus metas. Solo tienes que hacer una lluvia de ideas y organizarte hasta hallar ese camino.

A lo mejor tu meta es candidatizarte para ser alcalde o para ocupar algún puesto en el Concejo de tu ciudad porque decidiste que hacerlo es algo que vale la pena para ti aunque no hayas estado involucrado jamás en la política. Entonces lo más probable es que quieras comenzar por *asistir* a las reuniones del Concejo o trabajando como voluntario en ciertas funciones de tu ciudad para ver cómo suceden las cosas. De pronto quieras hablar con gente que ya se ha postulado con el fin de conocer sus opiniones y experiencias al respecto. También es una buena idea llamar a la oficina del Condado para conocer el procedimiento para inscribir tu nombre en esas convocatorias. De pronto haya unas primeras votaciones en las que debas participar primero.

O digamos que quieres abrir una heladería. ¿Alguna vez has estado vinculado al negocio de las comidas —o a cualquier clase de negocios? Si no es así, tendrás que comenzar a investigar para ver si pones o no a marchar tu meta. ¿Qué clase de licencias o certificaciones necesitarías? ¿Cómo sabes dónde buscar proveedores? ¿Quieres tener una franquicia o abrir tu propio negocio? ¿Cuánto dinero necesitas para comenzar? ¿Qué entrada genera un negocio como el que tú quieres en áreas similares a la tuya? ¿Sería una ocupación de tiempo completo para ti o sería un negocio complementario? ¿Existe alguien que tenga un negocio como el que quieres y sea exitoso? ¿Alguien que quiera compartir su historia de éxito contigo?

Por último, digamos que tu meta es convertirte en gerente o alcanzar el siguiente nivel de influencia en tu organización. Cualquiera de las dos serían metas ganadoras que implicarían muchos pasos. El primero es averiguar si existe alguna clase de certificación profesional, licencias, títulos universitarios o designaciones que se requieran para llegar al nivel que deseas. Si no se requiere de ninguno de ellos para avanzar en tu organización —o ya los tienes— entonces un segundo paso sería comenzar a hablar con la gente que te recomendaría para esa posición que buscas y darles a conocer que estás interesado. ¿Qué libros o seminarios sería bueno que comenzaras a buscar? ¿A qué periódicos, blogs o foros sobre administración sería bueno que te inscribieras? Ocúpate en actualizar tu hoja de vida y tu portafolio; organiza todos los documentos (cartas de elogios de tus clientes, premios que hayas recibido en la industria a la que perteneces, menciones a tu excelente nivel de rendimiento, cartas de recomendación, etc.). Enumera algunos ejemplos de cómo mejoraste algún aspecto empresarial en el lugar donde te encuentras actualmente, o en anteriores, dando así a conocer tus atributos como líder. Luego necesitas averiguar qué cargos o posiciones están disponibles, hacia qué lugares de tu país estarías dispuesto a trasladarte si el nuevo cargo te lo requiriera, y cómo aplicar para dicho empleo.

## PASO DE FE

De todas maneras, necesitas dar un paso de fe. Puedes hacer tu lluvia de ideas, tu diagramación, escribir tus metas en el calendario, defender el tiempo que sacaste para trabajar en ellas —y cuando comiences a trabajar en ellas todavía no querer pagar el precio por dedicarte a cumplirlas. Tu calendario *no puede hacer el trabajo por ti*, tú sigues siendo el conductor encargado de tu vida.

Sentimientos como el temor y la pereza retienen y retrasan. Presta atención y verás que es muy probable que pospongas esa tarea para ganar unas dos o tres veces o hasta que tú mismo te canses de estar posponiéndola y estés listo para intentar lograrla. Necesitarás un poco de disciplina para comenzar y aquí es donde toda esa lluvia de ideas y diagramación de tus metas te sirven de gran ayuda. No ocurrirá de la noche a la mañana. No tienes que decir: "Hoy estoy comprando una propiedad que me produzca rentabilidad", "Hoy me estoy lanzando como candidato a alcalde", "Hoy comienzo a estudiar para ser un abogado", "Hoy abro mi heladería". Se requiere mucho menos disciplina decir: "Hoy voy a hacer una llamada importante", "Hoy voy a comenzar a buscar información". Esos son pasos más cortos y menos intimidantes hacia construir tus metas, y una vez comiences, te darán la energía para continuar avanzando.

Si sientes que has llegado a un punto en el que necesitas sentirte ganador, entonces encontrarás una pequeña cantidad de disciplina para hacer esa lluvia de ideas y ese dia-

jemplo ir al odontólogo. ¿Qué es lo último que tu
sta o su recepcionista te dicen antes de que salgas
consulta? "¿Quiere que programemos su siguiente
para dentro de seis meses?" Cumpliste la cita de
¿cierto? Defendiste ese tiempo, lo reservaste y no
te ninguna otra cita para esa misma hora porque sa-
que tenías tu cita con el odontólogo. Si puedes ha-
en beneficio de tus dientes, también podrás hacerlo
cumplir con tus grandes metas. Funciona igual en el
bo de los negocios. Yo por lo general hago citas con
clientes con seis meses de anticipación, y la gente
rama bodas, fiestas y vacaciones con inclusive ma-
nticipación. Defender el tiempo es simple cuestión
mpromiso con lo que ya has programado.

sí que ¿cómo ejecutas todo esto en beneficio tuyo?
isión y compromiso! Cuando hiciste tu lista de ta-
para ganar en el Capítulo 1 (y quizá las has revisado
dida que has aprendido todo sobre lo que significa
ear para ganar), decidiste qué haría tu vida mejor de
e hoy es. Ahora es el tiempo de *comprometerte* —es-
icamente, a dos cosas:

Planear durante algunos minutos cada día, de la semana y del mes.

Usar tu calendario como una herramienta para insertar el éxito en tu vida.

os resultados que obtengas de estos dos compromi-
e ahorrarán más tiempo del que te imaginas. Ellos
n posible que te sientas balanceado y satisfecho con
empo y tus decisiones, y te permitirán comenzar a
ar tu vida y a avanzar en el cumplimiento de todas
metas.

grama de tus metas. Así mismo respetarás cada cita en tu calendario. Y una vez estés en el camino sentirás el ímpetu de las endorfinas provenientes de saber que estás cumpliendo y logrando lo que te propusiste. Y entre más orgulloso y animado te sientas, menos disciplina necesitarás.

Por eso cada meta es tan individual y única, y cada proceso es diferente. Una meta que te sea asignada por otra persona no tiene el mismo beneficio ni te ofrece el mismo sentimiento de triunfo como una que tú mismo hayas elegido por tu cuenta. Una verdadera meta viene de tu autodeterminación y de tu deseo de experimentar por tu propia cuenta. Esa será la única forma en que tendrás la fortaleza permanente para avanzar y tener la motivación que fluye del deseo de lograr lo que te propongas. Si no puedes hallar la disciplina para dar el primer paso, tu compromiso con tu meta no es genuino. Quizá no significa tanto para ti como creíste en un comienzo. Pregúntate: "¿Qué tanto quiero esto *en verdad*?".

Hay otra herramienta disponible a tu servicio. ¿Eres más respetuoso hacia las citas que tienes con otras personas que a las que tienes contigo mismo? Si es así, entonces es probable que necesites involucrar a alguien en tu cita para que la cumplas. De pronto con la ayuda de un mentor o entrenador, un socio, inversionista, etc. Incluso a través de algo tan sencillo como un amigo que te ayude supervisándote para ver si estás comprometido con tus metas. Darle cuentas a alguien así te ayudaría a "presentarte a tu cita" porque aprecias tu relación con esa persona a quien le rindes cuentas de tus actos.

Pero en últimas, es cuestión de desear tus metas. ¿Quieres sentirte balanceado, satisfecho y con el sentimiento de haberlo logrado lo suficientemente fuerte como para hacer más de lo que tienes que hacer cada día y así llevar tu vida hacia delante? ¿Necesitas un cambio? ¿Estás orgulloso por completo de encontrarte donde estás en este momento pero sin embargo también estás listo para seguir avanzando? Si es así, entonces es tiempo de comenzar a andar en el proceso para convertirte en un ganador. Usa tu calendario, tu diagrama, un mentor —todas las herramientas que tengas a disposición. Has identificado una meta que te ayude a avanzar y produzca mejores resultados y la has dividido en metas más cortas, en pasos más manejables. Has hecho una cita en tu calendario y has defendido ese tiempo que significa que puedes trabajar en tus planes para ganar. Tienes dirección, conocimiento, deseo, tiempo y una herramienta primordial (tu calendario) para lograr al fin que deseas, y además tendrás la motivación para continuar, una vez que hayas comenzado. Todas estas herramientas son más poderosas que tu temor y tu pereza, y te ayudarán a dar el paso de fe. Pero no lograrás nada hasta que tu deseo para cumplir tus sueños sea más fuerte que tu temor a fallar.

¿El hecho de que empieces a andar por el camino a tus metas significa que las alcanzarás? Claro que no. Por su naturaleza misma ganar implica riesgos. Quizá tu investigación inicial te lleve a descubrir que esta meta para ganar no es la indicada para ti después de todo, o que no es el momento. A lo mejor descubres que no te ayudará a mejorar tu vida y por eso ya dejó de interesarte. Pero aprenderás de la lección y dejarás de estar deseando y añorando algo que no es para ti y entonces tendrás una mejor idea de la dirección que quieres seguir para que tu vida sea *mejor*.

*Saber qué no quieres es tan valioso como saber lo que sí quieres.* Cuando dejas de pensar en esa meta tienes más tiempo para pensar en lo que sí quieres. Es decir que

utilizarás ese conocimiento que acab[...] elegir el camino a seguir en otra mejo[...]

Yo no puedo decirte si esas metas e[...] pena o no, tú eres el único que decides[...] mejor mañana. Yo solo puedo decirte [...] do es lo que no tienes que hacer, y que[...] te diferenciará de los demás. Estas deci[...] que las acompañan— serán tus momen[...]

## ¡NO ATIBORRES TU CALENDARIO[...]

No tienes que tratar de encajar to[...] hacer hoy. Agregarle más cosas a un[...] está lleno terminará por sobrecargart[...] revísalo y observa qué tanto tiempo [...] de que vuelvas a tener un espacio libr[...] tan lejos esté, espera a programar tu [...] cuando tengas tiempo disponible y así[...] te sentirás presionado con tu tiempo. [...] con creatividad ni planearás tus tare[...] sientes de esa forma. Una vez que hay[...] tiempo disponible, programa tu lluvia[...] ese espacio. Ahora ya has programado,[...] una cita para trabajar en tu meta dur[...] hora específicos —¡allí la tienes! Agreg[...] na de tu diagrama una vez que hayas c[...] ra. Defender el tiempo del que dispusi[...] rio no es tan difícil como disponer de é[...] Deja que el resto de tus responsabilida[...] alrededor de esa prioridad a medida [...] fechas de vencimiento para cada una [...] *fiende tu tiempo.*

Si no crees que es realista planear [...] ridad, piensa en otras clases de citas[...]

# Capítulo 6

# Planeación mensual, semanal y diaria

·······································

*"Siempre he estado en el lugar y tiempo adecuados.*
*¡Obvio, así me lo he propuesto!"*

—Bob Hope

·······································

Decidir insertar tus tareas para ganar es solo la mitad de la batalla, luego necesitas comprometerte a hacerlas.

Piensa en todos los compromisos que haces a diario: citas, reuniones, trabajar en proyectos, asignaciones, eventos, y más. Además tienes el compromiso de sobrevivencia contigo mismo —y hacer todas las tareas preventivas que la aseguran. A cambio de tus compromisos recibes un cheque y tienes una vida libre de temor a consecuencias. La forma de conseguir que todo esto pase y mantener esos compromisos es adquiriendo otro compromiso más: el de *planear.*

Existen tres niveles de planeación —mensual, semanal y diaria— que coinciden con los niveles A, B y C de las tareas y actividades que realizas a diario.

*La planeación mensual* es para programar tus tareas para ganar —es decir, para tus compromisos del nivel A. Mira al mes siguiente en tu calendario y haz la lluvia de ideas y los pasos de diagramación que vimos en el Capítulo 5 y luego escríbelos en tu calendario. Planear tus tareas para ganar mensualmente te permite ver que tu vida avanza hasta el nivel más alto que tú deseas cuando programas a diario tus tareas y sus fechas de vencimiento.

Por supuesto que algunos meses te darán más tiempo libre para tus tareas para ganar que otros. Eventos como las reuniones regionales, citas personales y médicas, viajes de negocios, celebraciones, vacaciones y eventos sociales, se planean por adelantado —todo lo que escribas en tu calendario y estés comprometido a cumplir. Es muy importante que veas todos estos eventos ya programados cuando observes tu calendario del siguiente mes. Muchas industrias suelen tener una muy buena temporada de verano cuando se preparan de antemano con toda la ayuda necesaria para lograr el máximo de su productividad. Durante esta época es mejor darles un tiempo de espera a tus deseos de avanzar durante algunas semanas. Por fortuna trabajas en tus planes ganadores de manera estable a lo largo del año así que los tienes bajo control y puedes darte el lujo de descansar en el verano. De esa misma forma la vida personal de la gente parece ser más activa durante esta temporada debido a las vacaciones, celebraciones familiares, fiestas y reuniones.

Pero las tendencias del verano también significan que pronto vendrán periodos en que todo se vuelve más lento —y en los que tendrás más tiempo para trabajar en tus metas, así que aprovéchalos. Programa una cita de 30 minutos para trabajar en tus metas para ganar y defiende ese tiempo, incluso si tienes que programarla con meses de anticipación. A medida que el tiempo avanza otras actividades comenzarán a ir llenando los espacios alrededor de tu cita —pero ella ya estará puesta en tu calendario para un día y hora específicos. Haz tu planeación mensual, encuentra un espacio en blanco y ubica allí tu tiempo para trabajar en tus metas para ganar.

*La planeación semanal* es para tus tareas tipo B. Ahora que eres consciente del poder del calendario para hacer que las cosas sucedan puedes usarlo para dejar de postergar tus tareas de este tipo —y asegurarte de que ellas reciban la atención y la calidad que requieren. Toma unos minutos cada semana para determinar cuáles tareas tipo B se aproximan y para cuándo porque no quieres dejarlas para último momento ya que la calidad importa —así que planéalas con calendario en mano durante la

semana y te darás el tiempo suficiente para concentrarte
en cada una de ellas antes que se te venzan. Este enfoque
te dará la perspectiva clara de cuál tarea necesitará más
tiempo que otra, ya sea porque es una tarea que tiene varios pasos a seguir o porque necesitas buscar información
de parte de otras personas y no podrás completarla en un
solo día. No debes dejar esta clase de tareas para el último minuto porque recuerda que te producen resultados
importantes.

*La planeación diaria* es para tus tareas tipo C, las que
te ayudan a prevenir inconvenientes, las que tienes que
hacer. Es recomendable planearlas desde la noche anterior o en la mañana antes de iniciar el día o al llegar a tu
trabajo, lo que mejor te funcione, pero destina siempre
5 minutos para planear las siguientes 24 horas. Mantén
en mente todos los ítems que requieren de una hora específica (eventos, citas, reuniones, tareas tipo A y B) y
luego sí piensa en todos los que son flexibles (pero los
"tienes que hacer" de todas maneras) y que tienes en tu
lista de cosas por hacer durante el día. Enuméralos en
orden de prioridad o como te convenga irlos haciendo
en el transcurso del día. Ese es tu plan diario. Si tienes un
día lleno de eventos a horas específicas entonces tendrás
menos tiempo para las tareas flexibles, aunque algunas
veces en días así no tienes tiempo ni siquiera para ellas.
Estar apurado entre una reunión y otra la mayor parte del
día requiere de unos espacios para recuperarte y aprovechar para revisar tu correo de voz y el electrónico, tomar
un descanso o apagar pequeños fuegos que surjan in-
tempestivamente. Por eso saturar tu planeación con más
ítems entre reunión y reunión solo te dejará frustrado. Es
mejor planear un día suave con alguno o ningún ítem que
requiera de hora específica y así te será posible desarrollar más tareas flexibles.

Una clave en la planeación diaria es iniciarla después de haber revisado tus correos. Si no lo haces, entonces cualquiera de los mensajes que tengas pueden contener algo que llame tu atención y allí es donde tu tiempo productivo comienza a desvanecerse. Un plan diario te da más control sobre tu tiempo productivo.

La razón de ser de los correos electrónicos y de voz es que *otras personas* te transmitan lo que es importante para ellas y que requieren de *tu atención*. Y es muy poco común que alguien se haya vuelto famoso solo por hacer lo que está en las agendas de los demás. Cuando basamos nuestra planeación en lo que otros quieren de nosotros es muy difícil salirnos de esa manera de pensar. Comenzar el día dejando escapar nuestro tiempo productivo con frecuencia significa que lo terminaremos sin haber hecho nada importante —y que no cumplimos con nada de lo que había en nuestra agenda. Elimina esa trampa priorizando los requerimientos de los demás y organizándolos de acuerdo a las probabilidades que te quedan después de ocuparte de tus asuntos importantes, así no incurrirás en emplear tu tiempo más valioso en algo que no tiene nada que ver con el cumplimiento de tus metas.

Ahora, ¿qué ocurre si has planeado un día perfecto pero cuando revisas tu correo de voz o electrónico descubres que un asunto urgente requiere de tu atención inmediata? A lo mejor no es algo tan urgente sino más importante que lo que habías planeado. Cuando esto ocurre, tener tu plan te ayudará a tomar mejores decisiones. Un plan te permite sopesar entre el correo y tu plan y decidir la mejor manera de usar tu tiempo. De otra manera no podrías comparar ese correo —por muy comprometedor que parezca— con nada. Cuando tú no tienes nada con qué sopesar tus decisiones entonces todo parece tener gran prioridad. Tú estás, obviamente, en control de lo que en últimas decidirás en cuanto a qué hacer y qué no hacer con todo lo que planeaste. Si algo más importante surge, puedes cambiar tu plan y reacomodarlo. Un plan te permite ser objetivo y tomar mejores determinaciones.

## ¿NO HAY TIEMPO PARA PLANEAR?

La gente con frecuencia dice que no tiene tiempo para planear. Y es cierto que sacar el tiempo para pensar y escribir lo que vas a hacer, en lugar de simplemente atender lo que sea que capta tu atención, requiere tiempo, esfuerzo y disciplina. Sin embargo serás mucho más efectivo al planear tu día —y verás la diferencia en los resultados. Las crisis y el estrés que nos genera la falta de tiempo terminan por sobrecargarnos y estresarnos, y por lo general ocurre cuando nos comprometemos a algo sin primero ver si disponemos del tiempo necesario para realizarlo. Fuera de eso no lo anotamos en ninguna parte y se nos olvida, y empezamos a procrastinarlo porque ya estamos saturados de compromisos o tenemos una idea poco realista del tiempo que se requiere para hacer todo lo que tenemos que hacer.

La siguiente sección te mostrará cómo disponer de solo 5 minutos cada día para hacer un plan diario que contribuya a mantener el control de todo tu tiempo productivo.

## BENEFICIOS DE DISPONER DE 5 MINUTOS PARA PLANEAR

### Beneficio #1: No se te olvida lo que necesitas hacer

¿Cómo hace tu cerebro para retener en la memoria un juego que te divertía cuando tenías solo 4 años de edad y sin embargo no recuerda el nombre de una persona que acabaste de conocer hace apenas 10 minutos? (Ver Figura 6.1).

**Figura 6.1**

Nuestro cerebro se comporta así de curioso. En el Capítulo 4 hablamos de la forma en que la química cerebral está diseñada para ayudarnos en la sobrevivencia. Sin embargo, si estás dependiendo de tu cerebro para recordar una lista de eventos importantes, lo más probable es que quieras tener una copia de seguridad —por si la necesitas.

Imagínate que haya en el mercado un nuevo artefacto tecnológico que sirva para almacenar memoria y tenga la increíble habilidad de devolver tu atención de inmediato a ciertos momentos de tu pasado que ya olvidaste. Sería de gran ayuda, pero recuerda que la tecnología tiene sus limitaciones. Primero, nunca puedes predecir cuándo va a funcionar y cuándo no. Segundo, con frecuencia es muy tarde para hacer algo con respecto a lo sucedido en el pasado. Tercero, contiene uno o dos pensamientos a la vez y cuando aparece un nuevo pensamiento, otro de los ya existentes queda anulado.

¿Cuánto tiempo crees que este aparato se sostendría en el mercado? Parece que causaría más estrés y frustración que ninguna otra cosa. Pero esta es la gran sorpresa: que ese artefacto es *tu cerebro*.

Eso es lo que tu cerebro hace contigo. Llegas directo a tu cama después de un día exhaustivo —¿y qué pasa cuando comienzas a quedarte dormido? ¡Bam! Algo que se te olvidó hacer la semana pasada en el trabajo de repente surge en tu mente. ¡Oh, gracias, cerebro! ¡Qué gran ayuda! ¡Ahora no solo *no puedes* dormir tranquilo sino que tampoco puedes hacer nada al respecto en ese momento! Qué tal cuando te dispones para ir al otro cuarto y cuando llegas allá te preguntas: "¿A qué vine yo aquí?" Olvidaste lo que ibas a hacer en solo 3 segundos porque a la vez estabas pensando en otra cosa. Es parecido a la frustración que sientes cuando estás en la mitad de una frase y de repente se te olvida lo que ibas a decir. Y creo saber lo que piensas cuando el mesero no anota la cantidad de órdenes que todos los invitados a la mesa le piden: "¿Por qué no las escribe? ¡Más le vale que las traiga como se las pedimos!"

Si vieras tu cerebro en exhibición en una tienda ¡no lo comprarías! Sin embargo la gente se confía solo en su memoria para manejar su vida todo el tiempo. Pero hay otra forma más fácil, menos estresante (y quizá más confiable) de administrar tu vida.

Cuando tienes un plan con varias citas y cierto tiempo disponible para realizar tareas preventivas en horas flexibles no tienes que preocuparte por recordar todo eso porque es cuestión de revisar tu plan. En el Capítulo 8 veremos más acerca de cómo estructurar tu calendario y tu lista de cosas por hacer para maximizar su efectividad, y propondremos distintos sistemas para utilizarlos. Y no importa qué sistema uses porque con cualquiera disfrutarás de los beneficios de tener un plan. Y uno de esos beneficios es la reducción de estrés. Tu nuevo sistema te permite enfocarte en una cosa a la vez fijándote en los detalles para que todo te salga como debe ser y previniendo que te acuerdes justo antes de irte a dormir de algo que se te olvidó.

## Beneficio #2: Haces más en menos tiempo

Incluso la gente que no mantiene un plan o una lista tiende a empezar a hacerla una semana antes de salir de vacaciones. ¿Por qué? Porque, quienes así lo hacen, saben que no hay tiempo para perder durante esa semana; ¡cada minuto *cuenta*! Si quieres disfrutar a plenitud ese precioso tiempo de tus vacaciones, no puedes estar pensando en qué asunto no previniste antes de irte y en cuáles van a ser las consecuencias que te estarán esperando a tu regreso.

Tener un plan diario te permite pasar de una tarea flexible en términos de tiempo a otra sin necesidad de perder tiempo en la transición. Adivinar qué más podrías hacer te hace perder tiempo y te causa interrupciones y distracciones. Allí es cuando comienzas a comer algo, chatear, distraerte en los medios sociales, adelantarte en las noticias, soñar, tomar café, navegar en Internet, etc. Todo esto te distrae cuando estás en la mitad de alguna actividad muy específica. No estoy sugiriendo que *nunca* deberías tomar un descanso, pero si necesitas maximizar ese tiempo productivo omitiendo esos tiempos de transición entre una actividad y otra, bien vale la pena.

Seguir un plan diario también incrementa tu nivel de eficiencia. Piénsalo: ¿quién sale de un supermercado más rápido: la persona que va con la lista de lo que ya sabe que necesita comprar? ¿O la que tiene que andar por todo el supermercado mirando y tratando de recordar lo que necesita? Yo lo he hecho de las dos maneras y estoy seguro de que tú también. Si el tiempo no es problema, ¡qué bueno disfrutar de caminar con calma por todo el supermercado! Pero, si el tiempo cuenta, tener una lista es mucho más eficiente porque te pone en la dirección de lo que necesitas y hace que cada paso que des sea más rápido y puedas usar toda tu energía en las tareas que debes realizar en lugar de estar tratando de acordarte de qué es lo siguiente en tu lista de tareas.

## Beneficio #3: Eres proactivo, no reactivo

Planear te permite ser proactivo. En el Capítulo 4 vimos que la proactividad nos ayuda a mantener bajo el nivel de estrés y urgencia, a trabajar con mayor calidad, a tener más control de las situaciones, y a decidir cuál es el mejor momento para culminar una tarea antes de que la fecha de vencimiento se cumpla. Cuando tú no tienes un plan, tu tiempo de productividad se diluye hasta el último minuto. Terminas siendo reactivo —lo cual te produce más estrés y urgencia, disminuye la calidad de tu trabajo y no te deja controlar las circunstancias de la mejor manera posible.

Ser proactivo también te incentiva a ser más organizado y te permite poner juntas varias tareas similares. En lugar de bajar al primer piso de tu oficina para una reunión y después subir a tu escritorio solo para darte cuenta que necesitas volver a bajar para hablar con alguien, planeas con anticipación lo que necesitas hacer abajo y ahorras tiempo haciéndolo todo de una sola vez. Agrupar tus reuniones según sea el tema es una excelente manera de sacarle provecho a tu tiempo. Es por esa misma razón que vale la pena mantener una lista de lo que necesitas comprar en el supermercado pues correr para allá cada vez que necesitas un ítem es una pérdida de tiempo.

Esa es la mejor razón por la cual es importante preparar de antemano las preguntas que tienes para tu jefe o cliente —para no tener que volver a llamarlos e interrumpirlos otra vez. Y es por lo mismo que es más eficiente planear varias pequeñas tareas que requieren que te levantes de tu escritorio, o incluso comprar regalos de cumpleaños con bastante anticipación aprovechando que estás de compras.

## Beneficio #4: Tomas mejores decisiones

Un plan te da la manera de analizar el costo de tu tiempo y decidir qué vale la pena que hagas más que cualquier otra cosa. También te da una idea realista de lo que alcanzas a lograr en un solo día calculando el tiempo específico para cada evento y cita que tienes pendientes, y además te permite ver con claridad qué tiempo te queda disponible entre un evento y el otro. Y como ya sabes, un plan te permite evaluar y organizar prioridades. Cuando no tienes un plan estás disponible para lo que se te presente y requiera de tu tiempo. Un plan te permite comparar esas posibilidades o requerimientos *versus* lo que ya has planeado y así decidirás mejor qué te conviene.

Por ejemplo, digamos que tienes que estar en una reunión hoy toda la mañana y a lo mejor tienes tiempo en la tarde para hacer una tarea importante tipo B y te sobra un tiempo más para ocuparte de ciertas tareas flexibles tipo C. Entonces tu jefe se aparece y te pide que comiences un nuevo proyecto ya. Si no tienes un plan, comienzas de inmediato a ocuparte del asunto —y es muy posible que mañana tengas que ir corriendo a ocuparte de tu tarea tipo B antes de que se te venza el plazo, aparte de que también se te acumularán las tareas tipo C que ibas a hacer. Pero... ¡tú tienes un plan! Puedes decirle a tu jefe: "Jefe, necesito su ayuda. Esto es lo que tengo que hacer hoy. ¿Es este nuevo requerimiento más importante que el hecho de que yo atienda a esta reunión en la mañana? ¿Deberíamos extender el plazo para las tareas C que me asignó para hoy hasta otro día?" Quizá tu jefe te informe que lo que ya tienes planeado es más importante que su nueva solicitud. Si es al contrario, entonces tienes libertad de no asistir a la reunión y trabajar en lo que él te acaba de decir —y posponer tus tareas C hasta la siguiente oportunidad disponible. Lo que sea que él decida, tú has informado lo que hay pendiente —*porque tenías un plan*. Pero ya sea que te sujetes a tu plan o que lo abandones para iniciar algo nuevo, estás en condiciones de tomar una mejor decisión basado en el conocimiento realista de lo que puedes o no puedes hacer. Siempre es posible reajustar tu plan cuando algo más urgente surge. Pero, primero que todo, *siempre* necesitas tenerlo.

Además te ayuda a decir no a cosas que representan un uso pobre de tu tiempo —aunque todos sabemos que decir no suele ser difícil e incómodo a veces. Sin embargo todo el día estamos diciéndoles no a muchas cosas sin siquiera darnos cuenta. Recuerda el valor de tu tiempo y ten presente que cuando se lo dedicas a alguien o a algo en esencia estás diciendo no a todo lo demás que podrías estar haciendo durante ese tiempo específico. Por ejemplo, imagínate que estamos en una reunión; al asistir a ella les estás diciendo no a ciertas llamadas telefónicas que tenías que hacer, a contestar correos electrónicos, a otras reuniones e interrumpiendo algunas actividades. Además podrías estar diciéndole no a un día de descanso para ir a jugar golf. Cada vez que dices "sí" a algo, le estás diciendo "no" a todo lo demás que ibas a hacer durante ese mismo periodo de tiempo.

Digamos que me invitaste a una fiesta este sábado y yo no acepté porque ya tenía planes para ir a una boda. ¿Te ofenderías? Lo más probable es que no, sería irracional ofenderte porque ya tengo un evento importante planeado para ese día. No te estaba diciendo *"no" a ti;* simplemente ya le había dicho *"sí" a otro evento.*

¿Y qué ocurre cuando no tienes nada planeado? Imagínate la siguiente conversación:

*Tú:* Hola, ¿quieres ver una película esta noche?

*Tu amigo:* No, gracias.

*Tú:* ¿Ya tienes algún plan?

*Tu amigo:* No.

Bueno, es muy probable que no llames a ese amigo en un buen tiempo. Él no tenía ninguna excusa; ¡solo te dijo que no! Pero tú habrías preferido la siguiente respuesta:

*Tu amigo:* No, gracias. No puedo porque tengo un viaje mañana y esta noche planeo empacar e irme a dormir temprano. Te llamaré el fin de semana cuando regrese y a lo mejor ese día sí nos vemos.

Te habrías ofendido menos pues quedarse hasta tarde cuando él necesitaba levantarse temprano hubiera sido un uso pobre de su tiempo libre. Y, aunque no planeó nada importante para esa noche, él tenía todo el derecho de decirte que no sin que te ofendieras porque él ya tenía un plan. ¿Has tenido alguna vez una conversación como la siguiente con un amigo?

*Tu amigo:* ¿Qué vas a hacer el lunes en la noche?

*Tú:* Voy a visitar a mi mamá. ¿Por qué?

*Tu amigo*: ¿Y qué vas a hacer el martes en la noche?

*Tú:* Tengo que trabajar hasta tarde. ¿Qué tienes en mente?

*Tu amigo:* ¿Qué vas a hacer miércoles, entonces?

*Tú:* No tengo nada planeado. ¿Por qué me preguntas?

*Tu amigo:* ¡Qué bien! Entonces te invito a ver un documental de tres horas sobre las características de la migración de los pájaros.

Con respecto a esa invitación, quizá te encantan los pájaros y su forma de emigrar, pero incluso si no es así, ¿adivina lo que estarás haciendo el miércoles en la noche? Y lo harás solo porque tu amigo estaba buscando un tiempo en el que tú *tuvieras planeado no hacer nada.* ¿Por qué? Porque sea lo que sea que tu amigo ya planeó le gana a lo que tú no has planeado —tú no tienes planes.

Parece como si existiera una regla social implícita cuando se trata de requerir el tiempo de los demás; si ellos rechazan tu oferta, más les vale que sea porque ya tienes algo planeado. De otra manera, te ofenderás. Respetamos el hecho de que los demás defiendan su tiempo planeado, pero no estamos dispuestos a respetar su tiempo libre de planes. La gente cree que el tiempo planeado es importante, pero si te piden que hagas algo y tú no tienes ningún plan, entonces se supone que deberías darle mayor prioridad a sus sugerencias —*versus* el hecho de que no tienes planes. Así es como recibimos presión y nos dejamos comprometer en cosas que no implican un buen uso de nuestro tiempo.

Tener un plan te da opciones. Siempre puedes cambiarlo si lo ves necesario porque surgen asuntos de mayor prioridad. Si no es así, tener planes ya establecidos es un forma aceptable de decir que no. La clave del éxito con esto no es que te vuelvas más hábil para decir que no sino que seas más hábil para decir que *sí a lo que es adecuado para ti* —y dejes que tu calendario hable por ti.

Obviamente no es práctico y ni siquiera posible planear el 100% de tu tiempo. Pero entre más tiempo positivo y productivo planees, menos pobre será el uso que le des y menos posibilidades tendrás de aceptar invitaciones que no te interesan a causa de presiones de tipo profesional o social.

## Beneficio #5: Te recuperas más rápido de las interrupciones

Cuando estás trabajando en algo planeado y te interrumpen o surge una distracción, todo lo que tienes que hacer es referirte de nuevo a tu plan y terminarlo. No importa cuánto tiempo dure esa interrupción porque regresarás justo al punto donde estabas antes de ser interrumpido. Pero cuando no tienes un plan en marcha, recuperarte de las interrupciones te toma más tiempo que la interrupción misma. Recuperarte significa que no dejas que tu productividad se vea afectada. En el siguiente capítulo veremos las interrupciones y las distracciones más en detalle.

## VUÉLVELO UN HÁBITO

¿Cómo hacemos para lograr que aquello en lo que estamos trabajando salga sin dificultades y en piloto automático? ¡Volviéndolo un hábito y una parte de tu rutina! Si conviertes en hábito el hecho de anotar tus tareas tipo A y B en tu calendario, entonces te estás asegurando de no procrastinar cuando la calidad sea importante. Cada tarea para ganar escrita en tu calendario te aproxima a los resultados que mejoran tu vida, y la forma de lograrlo es creando el hábito de planear para que, una vez planear se haya convertido en un hábito, ya no necesites de autodisciplina.

# Capítulo 7

# Manejando las interrupciones

* * * * * * * * * * * * * * * * * * * * * * * * * * * * * * * * * * * * * * * *

*"Y ahora, discúlpame por
interrumpirme a mí mismo".*
—Murray Walker

* * * * * * * * * * * * * * * * * * * * * * * * * * * * * * * * * * * * * * * *

Ahora que cuentas con tu plan, úsalo para mantenerte enfocado. Pero ¿qué pasa cuando tienes que lidiar con las interrupciones y distracciones provenientes del hecho de trabajar rodeado de más gente? ¿Te ha sorprendido alguien con un trabajo urgente que te significó alejarte tanto de tu plan que nunca lograste retomar lo que estabas haciendo durante el resto del día?

Es bastante frustrante terminar el día sintiendo que no hiciste ningún progreso en tu trabajo. Después de todo estuviste sentado frente a él todo el día, ¿no es cierto? Pero ni siquiera hiciste una sola de tus tareas preventivas. ¿Qué pasó? Que a veces —incluso más a menudo de lo que te gustaría— la cantidad de tiempo que inviertes haciendo un trabajo productivo y enfocado es menor que la que necesitas para hacerlo con un nivel de calidad óptimo.

Las interrupciones y las distracciones son inevitables en la mayoría de los ambientes de trabajo. Ni siquiera la gente que trabaja desde su casa logra eliminar del todo las interrupciones de la atmósfera del lugar de trabajo al que pertenece debido a las llamadas telefónicas, los correos electrónicos, sus propios pensamientos, los niños, las mascotas, y a todo el que se le ocurra patinar, correr o caminar para llegar a tocar a su puerta durante el transcurso del día. Pero por fortuna todas estas eventualidades son breves. Yo he trabajado en ambientes de oficina sobrecargados de trabajo crónico y a la vez de distracciones no relacionadas con el trabajo —incluyendo equipos enteros que de manera rutinaria hacen reuniones en las áreas abiertas y todos los empleados tienen que escucharlos, quieran o no, también he trabajado con impresoras muy atareadas ubicadas cerca de mi escritorio, y hasta he tenido que soportar una mesa de futbolín bastante cercana a mi oficina.

Pero las distracciones son diferentes a las interrupciones. Las distracciones surgen como resultado de problemas de autodisciplina para concentrarnos o quizá debido a la cultura distractora del lugar de trabajo. En cambio las interrupciones son circunstancias que ocurren a tu alrededor que te alejan de tus actividades e interfieren en tu capacidad de enfocarte, pero todas ellas terminan convirtiéndose en un problema, si ocurren con demasiada frecuencia; en ese caso necesitas fijar unos parámetros con respecto al ruido o a lo mejor tengas que cambiarte de lugar puesto que una atmósfera de trabajo sobrecargada de interrupciones genera un nivel de productividad bajo y frustra a los empleados porque bajo esas circunstancias ellos empiezan a sentir que la demanda de trabajo sobre ellos es demasiado alta, injusta e insostenible.

De otra parte, las interrupciones ocurren cuando alguien quiere tu atención aunque tú estés tratando de enfocarte en tu trabajo. En la actualidad pasamos una gran parte del tiempo haciendo una labor colaborativa a tal punto en que hemos llegado a aceptar las interrupciones como una parte natural del diario vivir. Pero algunas de esas interrupciones que te alejan de tu labor pueden llegar a consumir la totalidad de tu día. Y si fuera de eso no cuentas con la habilidad para manejarlas, terminarás llevándote trabajo a tu casa o quedándote hasta tarde en tu trabajo después de que todos se hayan ido para dedicarte por fin a *tus* deberes.

Los empleados de una oficina en la que trabajé necesitaban ir cada rato de un escritorio al otro para compartir ciertos instrumentos de trabajo. ¡Qué fácil es en ese tipo de ambiente comenzar a diluir nuestra propia labor y comenzar a pensar en la posibilidad de trabajar durante el fin de semana! Fue agradable trabajar en medio de una atmósfera amigable y disfrutar de las relaciones interpersonales que fomenté allí. Sin embargo me hallé a mí mismo, y a otros, en dificultades para permanecer enfocado al tiempo que luchaba para no actuar con rudeza. Sabía que tenía que encontrar una manera de manejar tantas interrupciones para lograr hacer mi trabajo.

Una solución fácil sería cerrar la puerta de tu oficina o colgar un aviso que dijera "No interrumpa" sobre tu escritorio y rehusarte a atender a nadie. Pero esa no es una opción realista porque las interrupciones siempre están relacionadas con el trabajo que haces. No todas las interrupciones son superfluas—ni *malas*. A veces la información o las personas que necesitas llegan a ti en momentos inadecuados y a lo mejor te sientas interrumpido, pero aun así te alegras. Otras veces, grandes cosas o personas importantes para ti llegan en forma de interrupción; pero, sea lo que sea, necesitas volver a retomar lo que estabas haciendo.

Traté de buscar información para averiguar lo que los expertos en las conducta humana aconsejan respecto a manejar las interrupciones, pero las tácticas que encontré no me funcionaron. Algunos sugieren conductas como levantarte de tu silla cuando veas que alguien se aproxima a tu escritorio, evitar el contacto visual cuando te interrumpen o tratar de llegar a sus escritorios en lugar de permitir que ellos lleguen al tuyo. Uno hasta propone recortar las patas delanteras de las sillas de tu oficina para que la gente sienta que se resbala cuando se siente. Eso los haría sentir incómodos y los obligaría a no permanecer tanto tiempo en tu oficina. De hecho,

¡ese consejo estaba en *un libro ya publicado*! Me sonó un poquito ridículo. Por todo lo anterior, decidí buscar mi propio método para manejar las interrupciones.

Las preguntas que intenté solucionar fueron:

- ¿Cómo afronto la interrupción (y la razón detrás de ella) sin ser rudo cuando estoy corto de tiempo?

- ¿Cómo hago para volver a enfocarme en lo que estaba haciendo antes de la interrupción sin perder *más* tiempo?

Esas son las preguntas que contestaremos a continuación.

## ENFÓCATE EN EL TRABAJO EN CUESTIÓN

Es difícil recuperarte una vez que la interrupción se te sale de control o que tu enfoque comienza a variar. Aunque te agrade o no el interruptor, en ocasiones te encantaría que el teléfono sonara para que te salvara de esa conversación intempestiva. Por eso es que debes establecer un *parámetro de tiempo* para la interrupción, apenas esta surja. Esa es la clave para abreviar, cuando necesitas hacerlo.

La mejor forma es mencionar lo que estás haciendo en el momento en que alguien se te acerca —y luego hacer una pregunta puntual.

Mira estos ejemplos:

"Estoy contestando unos correos, ¿se trata de algo breve o prefieres que hagamos una cita para ver de qué se trata?".

"Tengo unas llamadas, ¿necesitas que miremos algo en concreto o hablamos más tarde?".

"Voy a una reunión dentro de 5 minutos, ¿podrías darme la versión de tu problema en 30 segundos o te llamo después de la reunión?".

Incluso una pregunta corta y directa como "¿Cómo puedo ayudarte?", o en el caso de una llamada telefónica: "¿Qué te hizo pensar en mí?", te darán de inmediato la razón que hay detrás de esa interrupción y le hará saber a tu interlocutor que tú no tienes tiempo para charlar hoy. El mensaje que estás enviando es que te referirás estrictamente a tu trabajo.

Si descubres que esta interrupción tiende a demorarse, entonces lo mejor es que hagas una cita de 15 minutos con "el interruptor" tan pronto como termines la tarea en la que estás trabajando. Si tu pregunta puntual revela que el asunto a tratar demorará más de unos minutos, dile algo como: "Me encantaría ayudarte. Estoy trabajando en algo que terminaré dentro de media hora. ¿Nos vemos en media hora y hablamos del asunto unos 15 minutos? Yo te busco". Luego, cuando haya pasado la media hora, estableces tu tiempo y controlas la situación diciendo algo así: "Bueno, tenemos como 15 minutos. Veamos si es posible cubrir los dos puntos que me mencionaste hace un rato. ¿En qué te puedo ayudar?".

La razón de una interrupción por lo general está enmarcada dentro de tres categorías:

1. Una *tarea* que alguien quiere que tú ejecutes. ("Envíele el proyecto a Michael").

2. Una *cita* que alguien quiere que tú programes. ("¿Puedes asistir a una reunión con Dave y Jackie a las 2:00 p.m.?").

3. Un *intercambio de información* (por ejemplo una retroalimentación o una opinión para tomar una determinación).

Si el trabajo implica agregar una tarea a tu lista de cosas por hacer o agregar una cita a tu calendario, entonces tu pregunta puntual debe ayudarte a ceñirte a tu trabajo y lograr que la interrupción no se demore más de 1 o 2 minutos. Sin embargo una interrupción que requiera intercambio de información suele demorarse más —y en algunas ocasiones hasta significa que tengas que reorganizar el resto de tu día.

Alguien que está buscando un intercambio de información necesita datos, hechos, cuadros comparativos, antecedentes, contextos, opiniones y consejos para tomar decisiones. Por ejemplo, tu jefe va a tu escritorio a preguntarte cómo salió una llamada de ventas. Si tú simplemente le informas sobre el contacto con el que hablaste y agregas que la venta fue un éxito y el valor del contrato, esa interrupción no debe tomarte más de 2 minutos. Sin embargo, si tienes que dar información basándote en antecedentes, contexto y opinión, entonces requiere que expliques cómo te refirieron al cliente, por qué él eligió tu producto por encima de los de la competencia, detalles del contrato y si crees que será una relación a largo plazo. A lo mejor tengas que contestar: "¿Cómo crees que debemos proceder con este cliente?" Si la interrupción comienza a girar en torno a los antecedentes, contexto, opinión o consejo, necesitas convertirla en una cita asignada porque esa información toma bastante rato. Una interrupción no planeada no es el mejor escenario para esa clase de intercambio. Sugerir una reunión a una hora más apropiada, preferiblemente después que hayas terminado lo que estabas haciendo, asegura que el asunto tenga la atención y el tiempo que merece, y que no te desenfoques del trabajo al cual ya te has comprometido para hoy.

## INTERRÚMPETE A TI MISMO

A veces, a pesar de tus mejores esfuerzos, las breves interrupciones también nos hacen perder la concentración. Es fácil ver que eso está a punto de ocurrir cuando te detienes a observar el lenguaje corporal y no verbal de alguno de tus colegas que a lo mejor no tiene mucho trabajo pendiente y por lo tanto tiene tiempo disponible para perder. Si asuntos de actualidad como el clima o cualquier otro tema de discusión surgen de manera interminable, la forma más educada de reenfocar la conversación sin hacer que tu colega se sienta mal es *interrumpirte a ti mismo* (y no a tu colega). Cuando sea tu turno de hablar o hacer un comentario, tú paras, mencionas tu restricción de tiempo, y luego retomas el motivo de la interrupción. Sonará algo así:

"Yo sé que es mediados de diciembre pero parece mayo. Nosotros también estuvimos por fuera este fin de semana y… ¡Oh! ¡Lo siento! Tengo que entregar en una hora este contrato en el que estoy trabajando y no lo he terminado todavía. Mejor será que vuelva a este asunto. Te enviaré un correo con todas las cifras de la venta que me pediste antes de irme a casa esta tarde. Me encantó que habláramos".

"No, no fui al juego anoche, me gustaría tratar de conseguir entradas para el juego de este fin de semana; pero… ¡Ay! Tengo que continuar haciendo este reporte antes de que se me acabe el plazo. Voy a poner nuestra reunión en mi agenda para mañana y así nos veremos seguro".

"Sí, yo voy a ir a la fiesta de celebración del retiro de Joe. Todavía no le he comprado el regalo así que recibo tus sugerencias... ¡pero después porque tengo que llamar a este cliente urgente! Te daré el reporte del estado de este proyecto mañana".

Esta técnica te permite cerrar la conversación en un tono amable y le permite entender a tu colega que en ese momento no tienes tiempo para charlar.

## SOPESA LAS EXPECTATIVAS QUE HAY SOBRE EL TRABAJO A REALIZAR

Si alguien te interrumpe para que hagas un trabajo inesperado significa que deberás hacerlo dentro de un marco de tiempo. Desafortunadamente suele ser difícil obtener una respuesta directa cuando la necesidad es urgente. La respuesta por lo general es: "Tan pronto como sea posible". En ese caso, esta es una buena regla a seguir: si terminar esta nueva tarea te toma menos de 2 minutos, hazla de inmediato. Ejecútala y continúa haciendo lo que estabas haciendo antes de la interrupción, así no tendrás que pensar en ella. Si ves que tomará más de 2 minutos entonces dejar de hacer todo lo que estás haciendo no viene siendo la forma más realista ni eficiente de manejar el asunto. Para eliminar malentendidos y obtener una idea correcta de las expectativas que la otra persona tiene respecto a la prontitud con que necesita tu colaboración siempre pregúntale cuál es la fecha y hora en que necesita la tarea lista y así podrás seguir trabajando según lo planeado. Si ves que no vas a cumplir con esa fecha y tiempo límites debido a tu horario y a la sobrecarga de trabajo que tienes, necesitas dejarlo en claro desde el comienzo. Ser realista respecto a la restricción de tiempo que tienes les ayudará a las partes involucradas a priorizar qué es lo más importante y a organizar en qué orden deberías entregar cada asignación.

La meta es terminar el trabajo que te interrumpieron tan pronto como te sea posible —para que hagas uso de tu tiempo productivo. Habrá días en que tengas más tiempo disponible para charlar y hacer relaciones en tu lugar de trabajo, pero cuando no es uno de esos días —cuando tienes montañas de trabajo que hacer— haz preguntas puntuales, enfócate en el trabajo que tienes, mide las expectativas que tiene tu jefe acerca de tu trabajo, y ponte a hacerlo.

## ¡RECUPÉRATE Y RETOMA TU TRABAJO!

Ya manejaste la interrupción y lograste volver a fijar tu atención en lo que estabas haciendo. Ahora... ¿qué estás haciendo otra vez?

Se han hecho una gran cantidad de investigaciones muy profundas en cuanto a la pérdida de productividad asociada a las interrupciones y al tiempo que se requiere para recuperarse de ellas —sobre todo con respecto a cuánto les cuesta a las compañías ese tipo de interrupciones en términos de dinero.

Un estudio realizado en 2008 concluyó que las interrupciones les cuestan a las corporaciones $680 billones de dólares al año. Otros estudios reportan que el promedio de trabajador de una oficina pasa la tercera parte de su tiempo lidiando con interrupciones —y con el tiempo que necesita recuperándose de ellas.[1,2] (Ver Figura 7.1) La investigación también enfatiza que entre más detallado y complejo sea lo que estabas haciendo cuando fuiste interrumpido, más tiempo te tomará volver al mismo estado de concentración en el que estabas cuando ocurrió la interrupción.

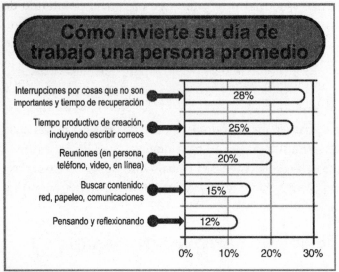

**Figura 7.1**

Este es el tiempo más crucial para ceñirte a tu plan escrito —porque uno de sus beneficios es decirte con exactitud *por qué* no tienes tiempo para perder. Al consultar tu plan es fácil retornar a tus actividades programadas, a tus metas del día, y volver a trabajar productivamente y más rápido después de la interrupción. Si estás trabajando en un proyecto detallado y complejo, te será más fácil recuperarte marcando dónde ibas cuando te interrumpieron. Así sabrás con claridad cuál será tu siguiente paso cuando retomes tu trabajo porque por lo general no puedes depender solo de tu cerebro para recordar un pensamiento importante que acabas de tener. Haz una nota tan detallada como te sea posible para que tengas una señal muy clara que te haga recordar muy bien en dónde quedaste. Yo hago eso incluso si estoy trabajando en un proyecto continuo al final de mi jornada diaria porque me permite arrancar el siguiente día con más facilidad y precisión sin tener que torturarme tratando de recordar cuál fue la gran idea que tuve el día anterior, poco antes de irme a casa. En esencia, trato el final de cada día de trabajo como si fuera una "interrupción" a lo que estaba haciendo y resumo en dónde iba para continuar al día siguiente sin perder tiempo.

La Figura 7.2 muestra un resumen de estas estrategias para administrar las interrupciones.

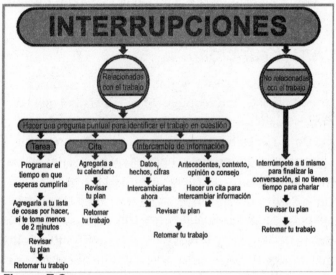

**Figura 7.2**

## INTERRUPCIONES DENTRO Y FUERA DE TU PROGRAMACIÓN

Es obvio que algunos proyectos requieren de mayor concentración que otros, además quizá necesites programar una cita contigo mismo durante un tiempo en el cual *no seas interrumpido*. Si tienes la flexibilidad, —la cual incluye dejar que el contestador automático tome las llamadas, no chequear correos, poner un aviso sobre tu escritorio en el cual diga que no estás disponible sino entre las 10:00 a.m. y las 11:00 a.m., e incluso trasladarte a un salón de conferencias o cualquier otro lugar de la empresa con la puerta cerrada— hazlo sin pensarlo dos veces. Si trabajas con un equipo que maneja calendarios electrónicos, infórmales a través del calendario acerca de este tiempo para que nadie te interrumpa. Y al contrario, programa un bloque de horas en el que estarás disponible para toda clase de interrupciones y trabajarás con la puerta abierta dándoles la bienvenida a todas las preguntas que quieran hacerte los miembros de tu equipo.

## DEVUELVE EL FAVOR

Por último, recuerda seguir todas estas sugerencias cuando tú eres el interruptor. Dile a la persona que interrumpes cuánto de su tiempo necesitarás, permítele volver pronto a su trabajo y negocia con ella tus expectativas en términos del tiempo y la hora en que necesitas su trabajo en tu escritorio. Luego deja que ella retome su trabajo. Si necesitas más de unos minutos de su tiempo, envíale un petición pidiéndole una cita con las razones por las cuales necesitan reunirse. Pídele que aparte un tiempo para reunirse contigo cuando haya terminado de hacer lo que está haciendo. De esa manera no le interrumpirás su concentración. ¡Si eres directo y breve entonces no harás que tus colegas quieran esconderse la próxima vez que te vean venir por el corredor!

# Capítulo 8

# Cómo administrarlo todo

# Tiempo de implementar un sistema de administración

. . . . . . . . . . . . . . . . . . . . . . . . . . . . . . . . . . . . . . . . . .

*"Organizar es lo que haces antes de dar cualquier paso, así cuando llegue el momento de ejecutar, todo está bajo control".*

—A.A. Milne

. . . . . . . . . . . . . . . . . . . . . . . . . . . . . . . . . . . . . . . . . .

Ahora que has decidido qué metas te hacen un ganador y te reportarían resultados significativos, y además te has comprometido a priorizar y planear de acuerdo con ellas sin perder de vista todas lo que "tienes que hacer" y cumplir por obligación, te estarás preguntando: "¿Cómo hago para lograrlo?".

¿Recuerdas allá en los tiempos de nuestra vida académica cuando teníamos un cuaderno distinto para cada materia? Cuando era la hora de la clase de Matemáticas, sacábamos el cuaderno de Matemáticas y sabíamos con exactitud cuál era porque le habíamos escrito el rótulo con el nombre de cada materia a cada uno de los cuadernos en la portada, ¡y las anotaciones de nuestra última clase estaban consignadas allí! Fuera de eso los teníamos clasificados por colores: rojo, para Matemáticas; azul, para Ciencias; amarillo, para Historia; etc. De eso se trataba el regreso a la escuela: de decidir dónde iban a estar todos nuestros útiles escolares durante ese año y así sería muy fácil ubicarlos cuando los necesitáramos. Éramos muy brillantes en esa época, ¿no es cierto? Lo irónico del caso es que muchos de nosotros éramos más organizados con la información que era importante para nosotros cuando teníamos 11 años de edad, que lo que somos ahora. En la actualidad mucha gente tiende a estar en situaciones como la siguiente muy a menudo:

—"¿Dónde están tus apuntes de la reunión de la semana pasada?".

—"Ahhh... ummm... era la libreta amarilla... le garabateé un árbol en la esquina. No veo el árbol".

¿Qué tal ese sistema? (¡Tus profesores estarían bastante desilusionados de ti!).

Ser organizado simplemente *hace las cosas más fáciles* —de encontrar, recordar y administrar. Además nos *ahorra tiempo.* La administración del tiempo se basa en organizar y sistematizar nuestras fuentes de información, que es lo que vamos a aprender a hacer en este capítulo.

## ORGANIZANDO TUS FUENTES DE INFORMACIÓN

Para estar en control de tus responsabilidades y tu tiempo debes estar primero en control de tus fuentes de información. Eso incluye tu:

- Lista de cosas por hacer
- Calendario
- Contactos
- Notas

Si logras mantener organizados estos recursos, tendrás la posibilidad de:

- Mantener tus compromisos con los demás.
- Recordar y cumplir todas tus citas (incluso con tus tareas para ganar).
- Retomar tus asuntos desde donde los dejaste con tus clientes y colegas.
- Organizar toda tu información de tal manera que sepas el lugar en el que la tienes y ahorres tiempo al necesitarla.

Algunos sufren con su desorganización a lo largo de toda su vida. Sus tareas y contactos están por todas partes, en papelitos autoadheribles, servilletas y hasta al respaldo de las tarjetas de presentación que tienen a la mano. (Ver Figura 8.1).

Si no tienes un sistema organizado para manejar toda la información que necesitas, ten la seguridad de que te apoyarás en papelitos adhesivos flotantes por todas partes que te recuerden tus compromisos e información importantes. Es posible que también tengas varios calendarios con datos entrecruzados, tampoco debes saber cómo acceder a información que tomaste en alguna de tus reuniones anteriores.

**Figura 8.1**

Esta estrategia llamada "Espero no haberlo perdido" es una causa de estrés cuando de manera inevitable "lo pierdes" o "lo olvidas". Perdiste u olvidaste información importante y terminaste incumpliendo un compromiso. Teniendo un sistema que te permita organizar y simplificar tus fuentes de información ahorras tiempo y frustraciones, y además te ayuda cuando llega el momento de administrar tu tiempo. La siguiente sección se ocupa de las posibles estrategias para lograrlo.

## ¿POR QUÉ ORGANIZARTE?

Piensa en tener un sistema de organización del tiempo como una forma de *desatorar* tu mente de la misma manera en que desatorarías la tubería de tu casa. Por ejemplo, piensa en un utensilio que no se te puede perder por nada en el mundo: tenedores, cuchillos y cucharas. Has escuchado alguna vez que uno de tus hijos dice: "Quiero comer pero no encuentro una cuchara ni un tenedor, ¿alguien ha visto uno por ahí?" No conozco *ningún* hogar que por lo general no tenga un lugar para cada cosa. El ciclo de uso de estos utensilios —entre sacarlos de su puesto, usarlos, lavarlos, ponerlos en su puesto de nuevo— es tan básico que si alguien encuentra olvidado un tenedor en un gabinete del baño o debajo del sofá de inmediato se dará cuenta que ese tenedor está fuera de su sitio y en el mejor de los casos lo devolverá a la cocina sin siquiera pensarlo. Como resultado, nunca tenemos que estar buscando por todas partes este tipo de objetos y por eso no existe algo que se llame ¡estrés causado por cucharas y tenedores! ¿Alguna vez te ha pasado que le hayas dicho a alguien: "¿Cómo le va?" y la persona conteste: "¡Ay, hombre! Las cosas están tan mal que ni siquiera sabemos dónde están los tenedores"? ¡Eso sí sería estar *muy mal*!

¿No sería grandioso si hubiera muchas más cosas en tu vida que fueran así de fáciles de controlar? En tu hogar u oficina los objetos físicos necesitan un lugar de ubicación fijo para que sea fácil encontrarlos y usarlos cuantas veces se necesiten. Si no se le asigna un puesto a cada objeto para mantenerlo allí cuando no se está utilizando, todo se vuelve caótico. Y ese caos no solo produce un lugar desordenado sino que además causa mucho estrés.

## Algunas de las formas en que la desorganización causa estrés son:

1. No logras encontrar algo cuando lo necesitas, lo cual te frustra.

2. Tus pertenencias están constantemente por todas partes y estorban. Las has pasado de un lugar a otro cuando no las necesitas, lo cual te implica trabajo extra.

3. Los espacios atiborrados te hacen sentir que siempre tienes asuntos pendientes por concluir y eso te causa ansiedad y drena tu nivel de productividad.

4. A veces compras más de lo que ya tienes porque simplemente no lograr encontrarlo, lo cual se traduce en gastos innecesarios.

Sé honesto: ¿hay en este momento sobre la mesa de tu comedor algún objeto que no deba estar allí? ¿Pensaste para tus adentros cuando lo compraste: "La mesa del comedor sería el lugar perfecto para esto"? ¡Claro que no! Es muy seguro que no estarías pensando en qué lugar de tu casa u oficina lo ibas a ubicar, y hasta que no decidas cuál será su puesto permanente, lo pondrás en distintos lugares e irá haciendo parte de una serie de cosas sin lugar fijo que te causan estrés cada vez que las *ves* o que las *buscas*. Si no logras encontrar algo cuando lo necesitas, entonces ese algo no te presta ninguna utilidad. Una vez le hayas asignado su lugar (preferiblemente fuera de tu camino), entonces sí te servirá tenerlo porque sabrás dónde está cuando lo necesitas y por lo tanto has eliminado una molestia.

El atiborramiento y el desorden también producen vergüenza e incomodidad. A muchos no nos gusta parecer desordenados ni fuera de control. ¿Has notado que el nivel de desorganización física por lo general se traduce, por lo menos en algún grado, en el nivel de descontrol en que tenemos sobre nuestra propia vida en determinado momento? ¿Cómo te sientes cuando tu espacio físico está limpio y ordenado, con todo acomodado en su lugar respectivo? Incluso si otras situaciones te están causando malestar o tristeza, por lo menos tu *espacio* no es una de ellas. Obtenemos bienestar y paz de un lugar organizado porque nos permite ser más creativos, productivos y despejados mentalmente que si estamos en medio de un espacio atiborrado y desorganizado. ¿Cómo te sientes cuando tu alrededor está sobrecargado de cosas y tienes problemas para encontrar lo que necesitas? Te sientes frustrado, ansioso, estresado, deprimido, cansado, fuera de control —emociones que *disminuyen* tu creatividad y productividad. Con el simple hecho de limpiar y organizar tu espacio te sentirás aliviado de todas esas emociones negativas, reducirás el estrés y recibirás una recarga de endorfinas y orgullo de los cuales obtienes energía, como lo discutimos en el Capítulo 4.

La diferencia entre sentirte y no sentirte estresado en algunas áreas de tu vida, como por ejemplo en la de la organización, es solo cuestión de *tomar una simple decisión.* Por ejemplo, *has decidido* comprometerte con el sistema de la cuchara y el tenedor en tu casa. El sistema funciona y ya no necesitas tomar más decisiones respecto a ese tema. Sin embargo *no has decidido* nada acerca del objeto que está encima de tu mesa del comedor. No has implementado todavía nada para solucionar ese punto.

Lo mismo también es cierto en cuanto a tus fuentes de información, motivo por el cual es tan relevante implementar un manejo adecuado del tiempo.

> De la misma forma en que necesitas organizar tus pertenencias físicas para permanecer en control de tu espacio físico, así mismo necesitas organizar tus fuentes de información para mantener el control de tus responsabilidades y de tu tiempo.

Tal como decides tener un lugar específico para cada cosa en tu hogar, y te comprometes a mantenerlo, también debes decidir y comprometerte a asignar un espacio reservado o un sistema para organizar tu lista de cosas por hacer, tu calendario, tus contactos y notas, todo con el fin de reducir el estrés que te produce el hecho de administrar tus responsabilidades y uso del tiempo. Así tendrás espacio para disfrutar de más paz mental y ser más productivo.

## DECIDE Y COMPROMÉTETE

Como suele ocurrir, la parte más difícil es decidirte. Los sicólogos afirman que los eventos más estresantes de la vida son la muerte de un ser querido, un cambio de empleo y mudarse de un lugar a otro. ¿Qué tienen todos estos eventos en común? Las decisiones, las decisiones, las decisiones... Tienes que tomar demasiadas decisiones en muy poco tiempo. ¿Has visitado a alguien que hace un año se fue a vivir a otro lugar y todavía no ha terminado de instalarse? Trata de preguntarle qué tiene en esas cajas y es muy probable que te diga: "No quiero hablar de esas cajas" porque en ellas hay *¡decisiones!* ¿Qué va a hacer con eso? ¿Dónde lo va a ubicar? ¿Lo necesita todavía? ¿No sería mejor que lo donara? ¡Tiene que tomar decisiones acerca de *todo* lo que hay en ellas!

Las decisiones suelen ser difíciles porque hacen que el cerebro trabaje más duro. Esto quedó muy bien ilustrado con un estudio de laboratorio realizado en unas ratas. Los científicos pusieron una rata en un laberinto con un trozo de chocolate al final del camino. Al principio de la prueba la rata alcanzaba a tomar el olor del chocolate tan pronto como era ubicada dentro del laberinto y su actividad cerebral comenzaba a dispararse buscando a lo largo del camino y corrigiendo su curso hasta encontrar el chocolate. A diario repetían el experimento y la rata comenzó a exhibir cada vez menos actividad cerebral a medida que iba siguiendo el camino indicado para encontrarlo. Como la actividad se volvió frecuente, el animal tenía que hacer menos búsqueda y comenzó a seguir el recorrido de memoria, lo cual significaba que ya no tenía que hacer un trabajo muy difícil ni tomar decisiones sobre cuál sería la mejor forma de hallar su premio. Su actividad cerebral regreso al nivel básico de trabajo.[1]

Tristemente los humanos no somos muy distintos a las ratas (por lo menos en ese aspecto).Necesitamos estar comprometidos por completo en lo que estamos haciendo cuando nos hallamos frente a una nueva actividad y tomando decisiones a la vez. Se requiere de atención, enfoque y análisis, en situaciones diferentes a las cotidianas no logramos hacer tareas múltiples y pensar a la vez en otras cosas. Pero una vez que hemos tomado una decisión, aprendido un sistema y formado un hábito, el piloto automático de nuestro cerebro se hace cargo. No tenemos ni siquiera que estar muy involucrados en esa tarea, y hasta podemos pensar en otras cosas mientras la estamos ejecutando.

Funcionamos así cada vez que transformamos las decisiones en hábitos. Piensa en la primera noche que pasaste en el lugar donde ahora vives. Te instalaste allí y organizaste tus pertenencias en tu nuevo espacio. ¿Qué pasó cuando llegó el momento de soltar las llaves al final del día? Es muy probable que te hayas tomado unos segundos para pensar en dónde ponerlas para asegurarte de encontrarlas con facilidad a la mañana siguiente. Algunos ponen un gancho cerca de la puerta para colgarlas allí, otros utilizan un plato pequeño en la cocina o a la entrada, hay quienes las cargan entre el bolsillo durante el día y las colocan en su mesita de noche al acostarse solo para volvérselas a meter al bolsillo de nuevo en la mañana. Lo que sea que tú hagas, sabes que ese es un *objeto importante* —algo que, si lo pierdes, seguro te costará tiempo y dinero. Por eso es que tomas la decisión de ubicarlas en alguna parte visible todas las noches y así no tener que pensar en dónde las dejaste al día siguiente. Creaste un *hábito*.

Si eliges y te comprometes a usar un sistema que incluya tu lista de cosas por hacer, tu calendario, tus contactos y anotaciones, y lo conviertes en un hábito, se te convertirá en un *sistema que no necesita de decisiones* constantes y te ayudará a reducir el estrés, ahorrarás tiempo y te asegurarás de no perder citas ni comprometerte con lo que no puedes, además evitarás perder información o pasarte de ciertas fechas de vencimiento. Una vez que ese sistema sea un hábito no tendrás que volver a parar, pensar y decidir cómo manejar nueva información. ¿Cómo te parecería ser *así de organizado*?

La mejor solución es desarrollar y luego empezar a implementar un sistema que incluya la habilidad de administrar de manera colectiva todas esas fuentes de información. El reto no es encontrar ese sistema ya que hay muchos a tu disposición. El verdadero reto es *comprometerte* a utilizarlo efectivamente. Si lo haces, recibirás los beneficios que vienen con el sentido de control tales como recordar datos puntuales, sentirte más organizado y menos estresado, encontrar lo que necesitas con mayor facilidad, y administrar tu día con mayor eficiencia.

## CLAVES PARA USAR UN SISTEMA PARA ADMINISTRAR EL TIEMPO CON MAYOR EFECTIVIDAD

Sin importar qué sistema escojas, comprometerte a implementarlo requiere que sigas las siguientes dos reglas:

1. **Debes usarlo de manera exclusiva:** comprométete a escribir en un solo lugar tus tareas, citas, contactos y anotaciones. Escribe tus tareas flexibles (personales y profesionales) en tu lista de cosas por hacer, y todas las citas específicas (personales y profesionales) en tu *¡único!* calendario. Todos tus contactos (personales y profesionales) deben ir en tu lista de contactos, y categoriza tus anotaciones en un sistema sencillo al que tengas fácil acceso. Veremos más adelante cómo utilizar cada uno de estos recursos de manera efectiva. Pero por ahora mantén en mente que debes utilizar *un solo sistema* para tus compromisos personales y laborales porque si utilizas dos o más te sobresaturarás de cosas por hacer debido a que no puedes estar al mismo tiempo en dos asuntos diferentes.

   Una parte importante de este paso es deshacerte de *toda* esa enorme cantidad de papeles flotantes a tu alrededor. En otras palabras, no te escribas a ti mismo más notas que te recuerden hacer una llamada telefónica, escribe ese recordatorio en tu único sistema de administración del tiempo, tampoco te metas notas recordatorias en tu bolsillo ni te envíes un mensaje de texto para acordarte de una cita, escríbelas de inmediato en tu calendario, no mantengas una nota visible en tu escritorio que te recuerde pagar una cuenta ni imprimas todos tus correos para acordarte de tus tareas y reuniones. Usa tu sistema y deja que él se encargue de recordarte todo aquello que es tan importante para ti. Si tienes tareas y recordatorios o notas autoadheribles por toda tu oficina, tu hogar y tu carro, nunca sabrás si te encargaste de todo. ¡He visto mucha gente que pone notas autoadheribles en su computador! ¡Qué tan irónico es eso! El computador es el aparato con la capacidad para almacenar información de la manera más eficiente y sin embargo la gente ignora su función más efectiva ¡y le pone notas! Pero no son solo esas notas sino también los recordatorios para hacer algo importante, los folders regados sobre tu escritorio hasta que estés listo para ocuparte de ellos, etc. Así es como pierdes el control de tus obligaciones. Tareas escritas en hojas flotantes por todas partes producen el mismo efecto que los objetos encima de la mesa del comedor: atiborran tu mente hasta que las hagas —como los tenedores, las tareas necesitan un lugar y un sistema, y al usar un solo sistema te aseguras de que nada se te pierda ni se te olvide.

2. **Debes mantener tu sistema contigo siempre o tener acceso constante a él:** tienes que tener acceso a tu sistema desde el computador de tu lugar de trabajo o la posibilidad de manejarlo desde tu teléfono inteligente. ¿Qué es lo típico que suele ocurrir si no tienes acceso a tu sistema? Que, cuando alguien te pregunte si puedes asistir en la tarde a una reunión, tengas que

responder: "Déjame revisar cuando regrese a mi oficina y te envío un correo". Si te preguntan si puedes ir a almorzar hoy, todo lo que tendrás para decir será: "Necesito chequear cómo está mi mañana y te confirmo más tarde". ¡Revisar y confirmar! Eso es no estar en control, eso es ponerte más trabajo y estrés.

Al tener acceso constante a tu sistema —en tu oficina, hogar o desde un dispositivo móvil— te mantendrás en control de tus responsabilidades y tu tiempo. Siempre sabrás dónde tienes que estar y qué hacer. Suena bastante simple, ¿verdad? El caso es que casi todo mundo tiene dificultades, por lo menos a veces, y llega tarde, pierde sus citas, olvida o se demora en pagar una cuenta, se compromete sin tener tiempo, hace dos citas a la misma hora o se queda corto de tiempo. Tú puedes triunfar sobre la incertidumbre y eliminar gran parte de esos inconvenientes creando un sistema y manteniéndolo contigo siempre.

## OBJETIVOS DE TU SISTEMA

Cada día surgen nuevas tecnologías, herramientas, aplicaciones, sistemas o teléfonos inteligentes saliendo al mercado para ayudarte a manejar tus fuentes de información. Las aplicaciones extra, las alarmas y sonidos son de mucha ayuda, convenientes e incluso divertidos, pero fuera de todo eso, tu sistema debe tener tres objetivos esenciales:

1. Crear listas de cosas por hacer *diarias y a futuro* (en otras palabras, darle a cada tarea una fecha y hora).

2. Visualizar *a la vez* las tareas con horarios flexibles y las que son a una hora determinada (citas y tareas del día).

3. Mantener a la mano *todos* tus datos de información (contactos y notas).

La mayoría de los sistemas tecnológicos y teléfonos inteligentes te permite hacer todo lo anterior. La aplicación más útil —y de pronto la menos usada— es la habilidad de ver a la vez tu calendario (a horas específicas) y tu lista de cosas por hacer (horario flexible) para cada día. Para que tu día sea óptimo en términos de organización necesitas ver al mismo tiempo dónde tienes que estar y qué tienes que hacer.

Veamos cada uno de los recursos de información para saber cómo manejarlos de la mejor manera posible y por qué son tan esenciales para la buena administración de tu sistema.

## SISTEMA DE ADMINISTRACIÓN DE TAREAS: TU LISTA DE COSAS POR HACER

Supongamos que después de una reunión o proyecto alguien te dice: "Llámame dentro de unas tres semanas para que hagamos seguimiento". ¿Cómo tienes control de esa propuesta? ¿La escribes en tu calendario como una cita con un tiempo específico aunque no tenga un día ni hora determinados? ¿La escribes en tu lista de cosas por hacer y la dejas allí durante tres semanas? ¿Haces una nota y la pegas sobre el escritorio de tu oficina?

Como debes haber adivinado, ninguna de esas es la opción ideal. Pero si sistematizas las tareas, ellas te irán apareciendo cuando se supone que debes hacerlas y entonces tú las recuerdas, priorizas y las ejecutas sin ningún problema.

*Sistematizar* significa simplemente almacenar tareas de acuerdo con la fecha en que tienes que ocuparte de ellas. Debes anotar todo lo que vaya surgiendo en tu camino en tu lista de cosas por hacer a diario o en el futuro. Manejarlas es administrar tu sistema de tareas. Veamos cómo funcionan.

Como ya sabemos, las tareas preventivas flexibles en términos de tiempo no van en tu calendario sino en tu lista de cosas por hacer. Recuerda las claves para usar tu sistema de manera efectiva: usa solo un sistema, deshazte de las notas flotantes y mantén siempre tu sistema contigo o con acceso continuo a él.

Manteniendo todas tus tareas juntas te aseguras de saber siempre lo que tienes que hacer. Es cuestión de revisar tu lista y chequear que no se te haya olvidado nada. Así reduces el estrés, tienes paz mental y te sientes confiado de tu habilidad de hacerles seguimiento a tus obligaciones, tanto las que "tienes que hacer" como las que "no tienes que hacer" *(pero quieres).*

Tu sistema de administración debe darte la habilidad de crear una lista de tareas diarias y una lista de tareas futuras.

La mayoría de la gente tiene un sistema rotativo que simplemente pasa de un día al otro y cada vez que piensan en algo que tienen que hacer, lo agregan. Así terminan con la lista que tenían en su mente y esta aparece en su sistema de administración a diario, independiente de si realizan o no todo lo que tienen en ella a diario. (Ver Figura 8.2). ¿Crees que es *más fácil* realizar así las tareas diarias? Mucho más fácil, ¡obvio! Estás controlando siempre y al mismo tiempo todo lo que de otra manera te sobrecargaría, aunque sea irrealista pensar que vas a lograr terminar de hacerlo.

**Figura 8.2**

De lo contrario terminarás agregándole algo a tu lista el lunes, otro poquito el martes y el miércoles, desesperado el jueves y listo para tirar contra la pared tu teléfono inteligente el viernes.

Sistematizar tus tareas elimina este sentimiento de frustración y requiere que las ingreses en él de acuerdo a la fecha que necesitas hacerlas.

Piensa en un día como la Figura 8.3. Cuando tienes un día así, en que las citas a horas específicas copan la mayoría del día, tu tiempo flexible es muy limitado y es irreal tratar de incluir allí todo lo que tienes que hacer. Terminarás sintiéndote ansioso y frustrado por no haber logrado lo que planeaste. Si haces eso día tras día, las tareas se te irán acumulando con el tiempo.

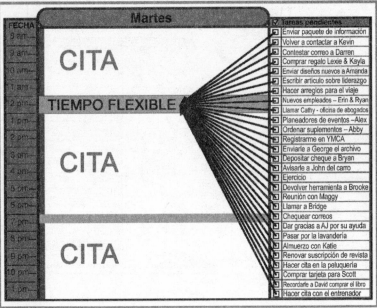

**Figura 8.3**

Después de un tiempo estás hastiado de su presencia y no las harás hasta que se hayan convertido en urgentes. Este mal hábito permite que solo las tareas urgentes capten tu atención y otras tareas se queden olvidadas, y así es como empezarás a usar sin darte cuenta el modelo reactivo de motivación por temor a las consecuencias de las que hablamos en el Capítulo 4. La regla para crear una lista diaria de cosas por hacer es:

> Si no puedes hacerlo hoy, no lo mires hoy

Observa tus citas que requieren de un tiempo específico para hoy, luego elige cuáles tareas preventivas que puedes hacer en un horario flexible y tendrás tiempo de realizar hoy o se vencen hoy, y agrégalas a tu lista diaria de cosas por hacer hoy.

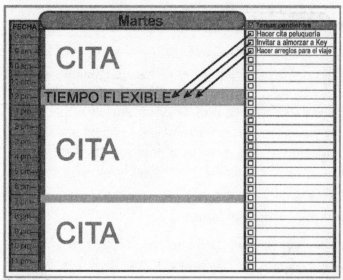

**Figura 8.4**

La Figura 8.4 muestra una lista más apropiada para un día así en el cual tienes forma de sacarles ventaja a las partes del día en que tienes cortos espacios libres y puedes volverlos productivos a pesar de que se encuentran entre una y otra cita, es allí donde es provechoso programar algunas de tus tareas preventivas. Es mucho mejor que sobrecargarte con una larga lista que es imposible de realizar en un día lleno de citas fijas. Así como hiciste cuando programaste tus tareas para ganar en el Capítulo 5, observa con detenimiento todos tus compromisos a una hora específica cuando estés creando tu lista diaria, la cual debe incluir las tareas para ganar que pusiste en tu calendario. Luego mira cuántas tareas preventivas realizables en un horario flexible puedes insertar en los espacios que te sobran. Si ves una lista razonable, en lugar de una inabordable, estarás más dispuesto a no perder tiempo y realizar lo que te sea posible. Además procurarás evitar tachar tus tareas para ganar para dedicarte a hacer tareas preventivas.

Deberías programar todo lo demás para un día en que tengas mayores posibilidades de hacerlo. Si sabes que no puedes hacer una tarea hasta el próximo miércoles, entonces anótala en tu lista de cosas por hacer del miércoles y no dejes que te estrese hoy. Luego, durante los 5 minutos en los que planeas el miércoles, la verás. Para eso es que sirve la lista de cosas para hacer en el *futuro*.

Mira estos ejemplos de tareas que irían en tu lista de cosas por hacer en el futuro:

1. Ellen solicita que la llames dentro de tres semanas para hacerle seguimiento al proyecto de hoy. Agrega la tarea "Llamar a Ellen para seguimiento de proyecto" a tu lista de tareas y asígnale una fecha dentro de tres semanas. Esto te prevendrá de ver esa tarea en tu lista de tareas diarias todos los días hasta el día que vas a llamarla. Cuando esa fecha llegue, allí la tienes y la llamas ese día sin tener que pensar en ella mientras tanto. Además puedes hacer una cita específica asignándole una hora para hacer la llamada, es decir que habrás hecho una cita para realizar esa tarea en tu calendario durante esa cita. Pero si no le asignas una hora, esa tarea estará en tu lista de cosas por hacer durante tres semanas a partir de ahora.

2. Necesitas recordar que tienes que comprar un regalo para celebrarle los 40 años a Dave, pero no tienes tiempo de hacerlo hoy. Agrega "Comprar regalo para Dave" a tu lista de tareas dentro de una fecha específica en que tengas el tiempo disponible para hacerlo y así no aparecerte en la fiesta con las manos vacías.

3. Tienes una fecha límite para entregarle un producto a un cliente dentro de tres meses y le has delegado a Jay desarrollar todo el proceso. Agrega "Supervisar el progreso de Jay en el paso 1" con una fecha dentro de las dos siguientes semanas. Luego escribes otra vez: "Revisar progreso de Jay en el paso 2" dentro de 4 semanas a partir de ahora. Lo mismo haces con el paso 3 en 6 semanas.

4. Tienes una llamada para hacer una venta a un cliente que dice que todavía no está listo para comprar, pero tú quieres contactarlo de nuevo en unos meses. Agrega "Contactar a Jim para hacer el seguimiento de la venta" en un fecha posterior a tres meses a partir de la fecha.

5. Cada año te dices a ti mismo: "¿Por qué esperé hasta el último momento para hacer reservaciones para el Día de la Madre?" Agrega "Hacer reservaciones para el Día de la Madre" a tu lista de tareas en una fecha específica durante el mes de diciembre o incluso en enero (o tan anticipado como te parezca) para estar listo y celebrar un feliz día porque ¡lograste hacer reservaciones en el restaurante que tú quisiste elegir para ese día de mayo tan especial!.

6. Tienes un proyecto a realizar en 8 pasos. Usa tu lista de tareas para planear cada paso y estar seguro de ir a buena marcha. Agrega "Paso 1", "Paso 2" y así sucesivamente a tu lista de tareas en las fechas en las que necesitas culminarlos.

7. Tienes un cliente que por lo general hace su orden de productos cada tres meses. Agrega "Chequear con Peter su orden" a la lista de tareas cada tres meses solo para asegurarte de que él no esté pensando en la posibilidad de irse con tu competencia.

Al crear una lista de cosas futuras por hacer te estás librando de estrés innecesario y tienes la claridad para hacer planes realistas, te permite enfocarte en las tareas para las cuales tienes el tiempo dispuesto en determinado día. Si no las vas a hacer hoy, no te preocupes por ellas hoy sabiendo que están en tu lista del día que decidiste ocuparte de ellas. Es una lista de 365 días —como le llamo a la lista de cosas por hacer, pero también la llamo lista de tareas futuras. Si lo haces así, olvídate de esa tarea futura a propósito hasta que estés listo para ella y justo en ese día aparecerá en tu lista.

Te estarás preguntando cuál es la diferencia entre la lista de 365 días (o lista de tareas futuras) y tu calendario. Este último es para citas en horas específicas con otras personas o las que tienes contigo mismo para realizar tus tareas tipo A y B (tus tareas para ganar o tus tareas preventivas documentadas). Tu lista de 365 días es para tus tareas preventivas realizables en un horario flexible, pero que de todas maneras tienes que hacer. La lista de tareas futuras es para asegurarte de que los detalles y compromisos no queden en el olvido. Si aparecen en tu lista de las tareas que tienes que hacer hoy, procura cumplirlas hoy. Si hay algo que no pudiste realizar, prográmalo en tu lista de cosas por hacer y olvídate de eso hoy.

Así es como experimentarás otro beneficio de usar un sistema tecnológico pues, una vez que le hayas dado a una tarea una fecha, tu aparato se encargará de recordártela en esa fecha. Muchos sistemas de correo electrónico cuentan con la aplicación para sincronizarse con tu aparato móvil y enviarte el recordatorio que necesitas en la fecha que elegiste, y además puedes almacenarla en el disco duro. Así es como tu sistema va programando tu lista diaria y también la futura permitiéndote reprogramar para cuando decidas terminar cualquier ítem que no finalizaste en una fecha determinada. Algunos sistemas hasta emiten una luz roja o te recuerdan en diversas formas que te pasaste alguna fecha y que tienes asuntos pendientes.

Este enfoque también te permite hacerles seguimiento a las tareas que les has asignado a terceros. Si me has delegado una tarea que en un principio era tuya, tienes la opción de elegir una fecha en tu lista de tareas futuras para hacerle seguimiento al asunto que me asignaste. Esa es la clave en la administración de tus contactos. Si te conectas con tus clientes o miembros de tu equipo en distintos momentos, utilizarás esas fechas de contacto para mantener bajo control tus próximas obligaciones sin tener que hacer citas específicas con ellos.

Las listas futuras también te protegen de sentirte sobrecargado frente a una lista interminable de tareas pendientes y te ayudan a erradicar ese sentimiento de que fallaste al tratar de completarlas todas al final del día. El propósito de todo esto es balancear la cantidad de tareas que tenemos que hacer con el tiempo que nos tomará hacerlas. Balancear las tareas y las citas es la clave para no sentirte estresado y sobrecargado. En una fecha en la que programas citas todo el día debes agregar dos o tres tareas por mucho a tu lista de cosas por hacer. Si tratas de hacer más, te sobrecargas y tu nivel de productividad y energía baja. ¿Y quién te hizo eso? ¡*Ellos* te lo hicieron! ¡Siempre culpa a tus padres! Es una broma. Tú te hiciste eso a ti mismo porque fuiste irrealista con respecto a tus limitaciones.

Recapitulando: es muy conveniente que tengas en cuenta todo lo siguiente para que tu sistema de administración de tareas te funcione:

1. Decide tener *un solo sistema* para tu lista de todas tus tareas, tanto personales como profesionales. La mejor opción es un sistema tecnológico al que puedas acceder desde tu aparato móvil, y que puedas tener siempre contigo. Además asegúrate de almacenarlo con cierta frecuencia en tu computador o en línea en caso de perder tu artefacto móvil.

2. Comprométete a utilizar *solo el sistema que elegiste* para que siempre sepas dónde buscar lo que necesites. Eso significa que debes *parar* de usar otras estrategias y recordatorios —incluyendo la enorme cantidad de papelitos flotantes.

3. Divide tu lista de tareas en listas de tareas diarias y futuras dándole a cada tarea que se te vaya presentando una fecha en la que planeas ocuparte de ella. Esto te da una lista separada de tareas para hacer durante cada día. Sé realista con respecto a tus limitaciones diarias y así reducirás el estrés y le sacarás provecho al tiempo productivo que tienes disponible. Si no puedes hacerlo hoy, no lo mires hoy y ponlo en tu lista de tareas futuras.

## TU CALENDARIO

¿Cuál es tu sistema actual para mantener control sobre tus citas? ¿Cómo recordarías la fecha si alguien te invitara a un almuerzo el próximo mes? ¿La programarías en tu calendario de tu teléfono inteligente? ¿Y cómo estás manejando tu horario de trabajo? ¿Recuerdas toda la información que necesitas sin olvidar nada?

Tener dos calendarios separados para tus asuntos personales y profesionales no te da días de 24 horas alternos, solo te da dolor de cabeza cuando te das cuenta de que programaste actividades que se te cruzan entre sí. Todas

tus citas necesitan estar en un solo calendario y no puedes separarlas porque tú no tienes la facultad de estar en
dos lugares distintos al mismo tiempo. ¿Tienes amigos
que viven diciéndole que sí a todo sin mirar ni escribir
en su calendario? Ellos son lo que después terminan can-
celando porque ya se habían comprometido a otra cosa
y no lo habían escrito en su agenda o simplemente no
recuerdan a qué le dicen sí y a qué le dicen no. El uso
efectivo del calendario nos previene de hacer todo esto.

Existe un viejo dicho: "El hombre que tiene reloj siempre sabe qué hora es. El que tiene dos relojes nunca está
seguro de la hora". Lo mismo sucede con tus citas. Tener
dos lugares para mantener tus compromisos casi te garantiza un conflicto entre ellos, mientras que, si mantienes uno solo, te aseguras de estar siempre en el lugar que
debes estar.

Las claves para usar tu calendario de manera efectiva
son las mismas que usas con tu sistema para administrar
tus tareas:

1. Selecciona y utiliza *un solo calendario* para todos
   tus asuntos personales y profesionales.

2. Llévalo contigo siempre o mantén acceso a él mediante tu teléfono inteligente.

Hay quienes utilizan lo que se llama un calendario
de comunicación y es un calendario generalizado para
todo un departamento de trabajo con el fin de que todos
tangan información pertinente a tiempo y por ejemplo
sepan en dónde va a ser la reunión del equipo ese día.
Este calendario de información también funciona entre
los miembros de una familia. Incluso funciona en línea
o en los calendarios de papel que se ubican en la pared.
La clave es que este calendario es para otras personas

que necesitan saber en dónde estás en determinado momento. Eso no significa que ese sea tu único sistema de acordarte de una cita. Cada compromiso que tienes en tu calendario de comunicación también debe estar en tu calendario único para que puedas ver todos *tus* compromisos al mismo tiempo.

Tener acceso móvil a tu calendario también es crucial porque te permite decidir de inmediato si aceptar invitaciones, requerimientos o cualquier otra clase de compromisos sin tener que esperar a revisar tu calendario en casa o en tu lugar de trabajo.

Ya sabes que tu calendario también incluye las citas que tienes contigo mismo para trabajar en tus tareas para ganar. De esa manera el calendario representa en qué invertimos el tiempo y qué es lo importante en nuestra vida pues manifestamos el valor que les damos a ciertas relaciones y actividades *dándoles* nuestro tiempo —nuestro recurso más valioso e irrecuperable.

## TRABAJO EN CONJUNTO

En la sección anterior explicamos que, respecto a las listas de tareas por hacer, necesitas chequear tu calendario para saber qué compromisos a horas específicas tienes antes de hacer tu lista de cosas por hacer, y así prevenir equivocaciones.

Pero ¿qué pasa cuando tu lista de cosas por hacer es tu prioridad del día? Llegas a estar tan agotado que no hay tiempo para programar ninguna cita fija ese día. Ese es el caso si tienes compromisos en una fecha que se aproxima o si durante largo tiempo has estado lidiando pacientemente con una lista de cosas por hacer y tienes que tenerlas en cuenta cuando estás planeando tu día. Digamos, por ejemplo, que estás planeando un gran evento. Los días anteriores a este asunto probablemente no son un buen tiempo para hacer citas para atender nuevos clientes o atender otras propuestas porque estarás agotado de hacer todos los preparativos, obviar detalles y arreglos de último minuto. Y aunque no hay tiempos específicos asignados para tus quehaceres, de todas formas tienes que ocuparte de unos cuantos asuntos con respecto al evento para asegurarte de que todo te saldrá fantástico y por eso las citas fijas tendrán que esperar.

Tu calendario y lista de cosas por hacer deben trabajar en conjunto y entre sí porque los dos representan tus compromisos y responsabilidades, y tienes que tenerlos en cuenta a los dos cuando planeas tu día.

Por todo esto es que debes utilizar un sistema que te permita ver tus obligaciones diarias en tiempos específicos y tus tareas a desarrollar en horarios flexibles, todo al mismo tiempo. Si observas que tu lista de tareas futuras en determinada fecha está llena de tareas que "tienes que hacer" para prevenir inconvenientes, entonces es obvio que ese no será el mejor día para programar una reunión de mantenimiento con el Departamento Administrativo ni para almorzar con un cliente. Aunque nada de lo anterior está programado dentro de un horario específico, tú aun así tienes mucho por hacer ese día. Y a la inversa, a lo mejor solo puedas programar una o dos tareas en horario flexible durante un día que tengas reunión tras reunión.

Lo cierto es que es más fácil tomar decisiones inteligentes en cuanto a la mejor manera de emplear tus días si conviertes *en hábito* el hecho de planear. Saber por adelantado qué tienes que hacer —y cuándo vas a ocuparte de ello— es una habilidad que desarrollarás de tu hábito de planear y priorizar. Y tu calendario te ayudará a desarrollarlo al permitirte:

• Planear tus tareas para ganar en tu calendario y *defender el tiempo* que apartas para ejecutarlas.

• Utilizar *un solo calendario* para tus asuntos personales y profesionales.

• Analizar *las dos*: tanto tus tareas a realizar a una hora señalada como las que puedes realizar dentro de un horario flexible, antes de planear y darles prioridad a tus asuntos.

• Utilizar un sistema que le dé *acceso móvil* a tu calendario desde tu lugar de trabajo, hogar o donde te encuentres para que tengas cómo tomar decisiones acertadas con respecto a tu tiempo y a tus compromisos.

## LLEGAR A TIEMPO *VERSUS* LLEGAR TARDE

Sabemos que el tiempo tiene un valor muy preciado —tanto el nuestro como el de los demás. También sabemos qué tan importante es llegar puntualmente a todas partes. El propósito de mantener un calendario es saber con exactitud dónde debemos estar y a qué hora. ¡Sin embargo *saberlo* no garantiza que lo harás!

La simple verdad es que la gente que acostumbra a llegar tarde a sus citas y compromisos no tiene problemas con el manejo del tiempo, tiene problemas manejando la decisión constante de *llegar o no a tiempo*. El tema subyacente es la elección de cumplir con tus quehaceres y reconocer —en lugar de ignorar— que existen restricciones de tiempo. Y lo más importante, el asunto es de *respeto*. Si respetas tus compromisos, así como a las personas con quienes los haces —incluyéndote a ti mismo—, querrás ser puntual y hallarás la manera de lograrlo.

Míralo de esta manera: si yo te ofrezco un $1 millón de dólares para que estés a tiempo en una reunión en las horas de la mañana, no importa qué tan temprano esta comience, estarás allá, ¿correcto? Te asegurarás de no llegar ni un minuto tarde. De hecho, me arriesgo a decir que es muy probable que estés más temprano para anticiparte a los obstáculos del tráfico, trenes o cualquier otro problema de mal funcionamiento del reloj despertador, etc. Es casi seguro que revisarás dos o tres veces dónde es el lugar y la hora de la reunión. Algunos hasta se hospedarían en un hotel cercano al lugar de reunión y programarían tres alarmas distintas para despertarse en la mañana… ¡si es que duermen! ¡Estamos hablando de $1 millón de dólares!

Si el compromiso es lo suficientemente importante para ti, encontrarás la forma de cumplirlo sin importar lo que pueda ocurrir. Todo lo que se necesita en un poquito de interés, planeación y sentido común para anticiparte a lo que se interponga en tu camino y determinar la manera de manejarlo. Entonces ¿qué nos dice eso de un compromiso al que llegas tarde? *Que no es lo suficientemente importante para ti llegar a tiempo.* Además le dice a la persona con quien te vas a encontrar que ella tampoco es de mayor relevancia en tu vida.

La gente que está acostumbrada a llegar tarde presenta muchas excusas, y lo que estas en verdad están diciendo es que ellos no respetan el compromiso ni *la relación que tienen con las personas involucradas* en ella tanto como para llegar a tiempo.

Eso es lo que aquellos que acostumbran llegar a tiempo y luego tienen que esperar deducirán de quienes llegan tarde:

1. Esta persona no respeta nuestra relación.

2. Esta persona no respeta sus compromisos.

3. Esta persona no es confiable.

Tu confianza hacia el incumplido se ha roto. Y por el contrario, cada vez que honras un compromiso fortaleces los lazos de confianza y respeto con quien tenías la cita. Claro que siempre hay excepciones. Hay momentos en que es posible que planees todo lo que quieras para llegar suficientemente temprano a donde tienes que ir con tiempo de sobra, y aun así quedar atrapado en el tráfico por horas. A veces hay situaciones inesperadas que van desde un hijo enfermo hasta una llanta desinflada o un tren que llega tarde. Incidentes como esos te sacan del horario que tenías dispuesto. Si la persona que tienes que ver no sabe lo que te está pasando, asumirá que estás siendo desconsiderado e irrespetuoso. Pero como esta clase de situaciones nos han pasado a todos, una disculpa sincera y una explicación de lo ocurrido es todo lo que tienes que ofrecer para remediar la situación. Es usual disipar el sentimiento de irrespeto si eres genuino y haces lo mejor que puedes para darle a conocer a la persona a la que le incumpliste tan pronto como te sea posible que llegarás tarde.

Es decisivo respetar una relación en cualquier área de tu vida porque afecta qué tanto la gente confía en ti. Si de manera repetida afectas el grado de confianza que los demás te tienen, te será difícil recuperarla. Quizá nunca te has dado cuenta de lo que dice de ti el hecho de que fallas en tus compromisos.

Habiendo dicho esto, existen algunas situaciones en que llegar tarde es más aceptable que en otras. Por ejemplo, una reunión a la que asiste mucha gente, como una fiesta, tiene una hora de inicio, pero en la mayoría de los círculos sociales se acepta cierto margen de tiempo, como la primera hora de inicio durante la cual todos los invitados van llegando, sin que eso se considere como llegar tarde. De otra parte, planear una reunión con un amigo en un restaurante para cenar a cierta hora es otra cosa. Si llegaste una hora tarde en ese caso, tendrás un amigo molesto a quien le debes una disculpa.

Los compromisos de negocios caben *siempre* dentro de la segunda categoría. Cuando has hecho un compromiso de tiempo para llamar o reunirte con alguien —o para llegar a una reunión de *cierto número* de personas—, debes respetar el tiempo de todos y cada uno de los asistentes. Todos los involucrados han hecho un compromiso con su tiempo; si ellos llegan a la hora indicada y tú no, entenderán que no pueden confiar en ti ni en lo que dices que harás. Además habrán entendido que valoras su tiempo menos que el tuyo. Tener esta reputación en los negocios tiene innumerables efectos negativos para ti. Te perderás de propuestas interesantes, de ser parte de varios equipos de trabajo, de ascensos, de recibir ayuda cuando la necesites, entre otras ventajas más.

¿Conoces a alguien con la reputación de llegar tarde siempre? ¿Le confiarías un contrato importante para tu empresa? No lo creo. Entonces *no seas tú esa persona*. Entiende que los compromisos que mantienes dicen mucho acerca de lo confiable que eres, y los compromisos que no cumples, también. Muestra respeto por tus relaciones manteniendo los compromisos que haces en tu vida personal y en los negocios.

## MANEJO DE LA INFORMACIÓN: CONTACTOS Y NOTAS

Manejar tu información importante es una parte crucial de tu sistema de administración de tiempo. ¿Cuántas veces durante el día o la semana necesitas contactar a otras personas por cuestiones de negocios? ¿Qué tan a menudo debes acordarte cuándo fue que hablaste con alguien, qué hablaron y a qué te comprometiste antes de volverlo a contactar? ¿Cuántas veces tienes que buscar el mismo material de referencia durante la semana? Tener esta información dentro de un sistema organizado te ayudaría a ahorrar tiempo, frustraciones, y hasta vergüenzas.

## Administra tus contactos

¿Cómo mantienes el registro de las personas que pertenecen a tu vida personal y que forman parte de tus negocios? ¿Guardas información solamente de tus contactos personales? ¿O tienes información también de tus clientes? Estas preguntas nos traen a tu siguiente fuente de información. Mantener información de la gente con quien haces negocios y con quienes tratas en tu vida personal se conoce como administración o manejo de los contactos. Así que ¿cuál es tu sistema de manejo de contactos actual?

No estamos hablando solo de los números telefónicos, direcciones, direcciones de correo electrónico y otras formas de contactar a la gente. También incluye los archivos de las interacciones que has tenido con ellos tanto en el pasado como en fechas recientes; te sirve para almacenar información acerca de cada contacto como por ejemplo el nombre de su pareja, su restaurante favorito o los contratos o proyectos que han compartido tú y ese contacto. Este tipo de administración de tus contactos es crucial en ocupaciones como las ventas, prestación de servicios profesionales y en todos los trabajos en los cuales tengas contacto permanente con el cliente.

Muchas compañías han elaborado sistemas de administración de contactos y entrenan a sus empleados respecto a la forma de manejar este tipo de relaciones importantes. Pero, incluso si no cuentas con un sistema como este, necesitas llevar un registro de la gente con la que haces negocios, ya sean clientes, colegas de tu lugar de trabajo o de la industria dentro de la cual te mueves, o conocidos que hacen parte de tu red de contactos.

Muchos sistemas de correo electrónico y aparatos móviles te permiten tener un archivo o página para cada contacto e incluyen espacio para tomar notas de la última vez que hablaste con esa persona. Al igual que tu lista de cosas por hacer y que tu calendario, la mejor forma de administrar tus contactos es decidiendo tener en *un solo lugar* tanto los personales como los profesionales y comprometerte a usarlo *exclusivamente*.

Tener un sistema para tus contactos te ayuda a no perder información sobre ellos y a encontrarla con facilidad cuando la necesitas. Al igual que con tus listas de cosas por hacer y tus calendarios, debes mantener la información de tus contactos de tal forma que tengas acceso directo o móvil.

Si tu aparato móvil es tu principal fuente de administración de información, asegúrate de almacenarla en tu computador en línea con cierta frecuencia en caso de que pierdas tu artefacto móvil. Perder esta información iría en detrimento de tu negocio y te tomaría mucho tiempo volver a reconstruirla.

## Administra tus notas

¿Cuándo tomas notas? ¿En reuniones? ¿Durante tus llamadas con los clientes? ¿En talleres? ¿Qué tal con tus listas? ¿Tienes una lista de lo que acostumbras comprar en el supermercado? ¿De algunas actividades para los fines de semana? ¿De tus restaurantes favoritos? Al igual que con tus otras fuentes de información, (¡ya sabes lo que voy a decir!), debes decidir y comprometerte a utilizar *un solo lugar* para escribir todas tus notas. De esa forma mantienes información que utilizas con frecuencia y accedes a ella con facilidad y rapidez. Por ejemplo, si asistes a reuniones semanales y tomas notas, lo más probable es que necesites una agenda económica que permanezca en tu escritorio ya que no es algo que necesitas llevar contigo todo el tiempo. Las notas a veces no son tan indispensables de llevar contigo como sí ocurre con tus otras fuentes de información. Claro que si necesitas tener acceso frecuente a ellas, las aplicaciones tecnológicas son más adecuadas para ese fin.

Mucha gente organiza sus notas de acuerdo al contacto o persona a la que pertenecen (como en los sistemas de administración de contactos en el campo de las ventas), la fecha en que las tomaron (como en las reuniones semanales), o de acuerdo al tema (como un proyecto sobre un tema específico). Decide cuál método para clasificar tu notas es más apropiado para ti y comprométete a usarlo para que las encuentres con facilidad cuando las necesites. Si necesitas tener acceso a notas pertenecientes a proyectos que ya terminaste hace tiempo, utiliza tu base de archivos a través de la tecnología.

Ya sea que decidas tomar tus notas en aparatos tecnológicos o en una agenda de papel, organízalas por categorías y en un solo lugar. Si no logras encontrarlas cuando las necesitas, entonces es inútil que las tomes.

## APRENDE A SER CONSTANTE CON TU SISTEMA DE ADMINISTRACIÓN DE INFORMACIÓN

Hay una regla más que te ayudará a ser más productivo una vez que hayas elegido tu sistema de administración de información: *sé constante*. Esto significa que tomes una decisión con respecto a tu información cada vez que necesites tomarla. Por ejemplo, ¿alguna vez has abierto un correo electrónico o recibido una llamada telefónica y pensaste: "¡Oh, no! Esto va a tomarme 20 minutos y no tengo tiempo para eso ahora" y preferiste abrir el siguiente correo? ¿Escribiste una nota autoadhesiva? Decidiste que el tiempo para ocuparte de ese asunto no era ahora mismo, por lo tanto ve un paso más adelante y decide que si no es ahora, ¿cuándo? Una vez que lo decidas, regístralo en tu lista de tareas futuras por hacer para cuando elijas hacerlo y no te preocupes porque se te va a olvidar ocuparte de ese correo de voz o electrónico. Si es una cita, regístrala en tu calendario de una vez para que no se te olvide más tarde. Entrénate para dar esos pequeños pasos en el momento en que una tarea o nueva información aparezcan y lo convertirás en un hábito.

Si logras habituarte a ser organizado con tus listas de cosas por hacer, tu calendario, tus contactos y tus notas, así como con la información que es importante para ti, lograrás controlar tus responsabilidades y compromisos, tu tiempo y los resultados. ¿Cómo te parece? ¿Tranquilizante? ¿Productivo? ¿Exitoso? ¿Pareces otra persona? ¡Tú puedes lograrlo! Es cuestión de decidirlo y comprometerte con un solo sistema de manejo del tiempo que incorpore tus tareas para ganar al tiempo con las preventivas en tu plan diario.

# Capítulo 9

# ¡Actúa!

· · · · · · · · · · · · · · · · · · · · · · · · · · · · · · · · · · ·

*"¿Quieres saber quién eres? No preguntes. ¡Actúa!*
*La acción te delineará y definirá".*
—Thomas Jefferson

· · · · · · · · · · · · · · · · · · · · · · · · · · · · · · · · · · ·

## EL PODER DE TUS DECISIONES

Comenzamos hablando de motivación y éxito, balance, prioridades, energía, y de la importancia de valorar el tiempo. Además revisamos algunas maneras prácticas de usar la planeación y la organización para maximizar el tiempo y la productividad con el fin de alcanzar los resultados que impulsarían tu negocio y tu vida personal. La pregunta a este punto es: ¿en realidad la forma en que tomas decisiones tiene el poder para impactar todo lo anterior?

En una palabra: ¡sí! Las decisiones que tomamos generan la vida que tenemos. La vida que llevas hoy es el resultado acumulativo de todas las decisiones y circunstancias que han sido parte de ti hasta ahora. Algunas de esas circunstancias —el lugar donde naciste, los padres que tienes, la salud de los miembros de tu familia— están fuera de tu control. Pero las decisiones que tomas respecto a tu manera de enfrentar cada situación que la vida te presenta, los riesgos que tomas, la forma en que empleas tu tiempo, y las metas que persigues, son las que te hace diferente de los demás. Todo esto es lo que *te define*.

Parte de lo que hace que tus decisiones para construir tu vida sean difíciles de tomar es saber que cada decisión tiene consecuencias, lógicas o inesperadas, efectos que causan y que afectan tu vida personal o tu profesión. Cuando eres joven, enfrentarte a tus elecciones es señal de crecimiento y responsabilidad, y visto de esa forma es todo un privilegio. A medida que crecemos nuestros padres nos enseñan sobre las consecuencias permitiéndonos tomar decisiones cada vez más importantes sobre situaciones que podamos controlar, como por ejemplo qué ropa comprar, qué ordenar en el menú, a quién invitar a salir, en qué actividades extracurriculares participar, etc. Las consecuencias de nuestras decisiones poco a poco se van volviendo más serias —por ejemplo cuando tenemos que decidir qué profesión elegir, con quién casarnos, qué valores enmarcan nuestra forma de vivir. Incluso tomamos decisiones que afectan a otra gente, como a nuestra familia, colegas, empleados. Es entonces cuando tomar decisiones pasa de ser un privilegio a convertirse en una responsabilidad. Todas las consecuencias que surgen de una decisión, incluso las que no calculamos, son nuestra responsabilidad y es imperativo afrontarlas. No puedes culpar ni darle crédito a nadie más. Ellas también son parte de quien tú eres.

## LAS DECISIONES SON COMO REGLAS

¿Recuerdas cuando eras joven y te unías al grupo de los chicos de tu vecindario para jugar? Lo primero que tenían que establecer eran las reglas. Muchas cosas en la vida funcionan igual. Los deportes no serían lo que son sin las reglas del juego, las reglas del lugar de trabajo, la familia, el grupo de amigos, y la organizaciones, todos estos grupos tienen reglas que sus integrantes conocen muy bien, ya sea de manera verbal o escrita. En la medida en que las personas que pertenecen a un grupo respeten esas reglas, hará que sus miembros se lleven bien o no y qué tanta sea la paz o la guerra. Conocer las reglas nos permite saber qué esperar en determinada situación.

Sin embargo son reglas hechas por otros y no siempre tú piensas que son justas.

En tu propia vida, *tú* haces tus reglas. A lo mejor no las llames así, pero ¿has tomado decisiones sobre las cuales debes vivir y sin embargo no te comprometes con ellas? Esta clase de decisiones casi siempre están guiadas por principios éticos o por experiencias de vida, y varían ampliamente. Van desde: "Yo nunca compraría nada con tarjetas de crédito si no tengo el dinero para comprar en efectivo" a "Nunca me aprovecharía de nadie". Estas verdades absolutas también forman parte de quien tú eres. Tal vez no siempre sea fácil vivir de acuerdo con ellas, especialmente si has elegido estándares altos para tu vida. Sin embargo, una vez hayas decidido que quieres que una verdad absoluta forme parte de tu vida, dejas de estar tomando decisiones respecto a ese punto y simplificas tus decisiones. Así como en la organización de tu espacio físico y en la organización de tus fuentes de información, una vez has tomado una decisión o adoptado una regla como esta —ya sea en tu vida personal o profesional— ya no tendrás que pensar, analizar, debatir, adivinar ni invertir tu tiempo ocupándote en eso porque ya sabes qué hacer cuando la situación surja. Y conocer las reglas te ayuda a encaminarte hacia decisiones o acciones que te harían feliz.

## TUS DECISIONES DETERMINAN LA PERSONA QUE TÚ ERES

Hacia la década de 1970 alguien surgió con la noción de que tenías que "encontrarte a ti mismo". Ese concepto se convirtió en un mantra generacional que se utilizó como la justificación para todo, desde engancharse en conductas peligrosas hasta terminar relaciones, viajar a otros países con poco menos que una bolsa como equipaje y en actitud de rebeldía. No estoy seguro por completo si ese término tenía el mismo significado para todos los que lo usaran, pero sí estoy *seguro* que confundió a mucha gente que lo escuchó y trató de aplicarlo. ¿Cómo se pierde uno a sí mismo hasta el punto en que tenga que ir a tierras distantes a encontrarse? ¿Y cómo esas conductas peligrosas y viajes lejanos resolvían el problema? Infinidad de almas perdidas —e ingenuos personajes de telenovelas y películas— se fueron de trotamundos a buscar su alma tratando de encontrarse a sí mismos o a intentar comprender quiénes eran... y el viaje les duró décadas gracias a este cruel enigma. ¡Creo que ya llegó la hora de ayudarlos!

Saber quién eres significa saber *de qué manera tú eres diferente a los demás.* ¿Qué te hace un ser individual? En otras palabras, ¿qué haces que no tengas que hacer? ¿En qué crees lo suficiente como para ir tras ello incluso si no tienes que hacerlo? ¿Qué hace que para ti valga la pena vivir? El momento para contestar todo esto por lo general surge después que dejas de querer encajar y empiezas a querer distinguirte de entre la multitud porque al fin comprendes que tú tienes tus propios talentos, habilidades, carácter y nivel de competencia.

Sin embargo, independientemente de cómo hagas tu búsqueda, las respuestas no están allá afuera en alguna parte. Todo lo que tienes que hacer es analizar ciertas preguntas que solo tú estás en capacidad de contestarte a ti mismo. Por ejemplo:

- ¿Qué valoras?
- ¿Cuáles son las verdades absolutas de tu vida?
- ¿Cómo quieres que sea tu vida?
- ¿Qué quieres lograr o experimentar?
- ¿Qué haría tu vida mejor?
- ¿Qué vas a hacer al respecto?

- ¿Qué quieres que piense o sienta la gente cuando escuchen tu nombre?
- ¿Cómo y por qué te gustaría que te recordaran?

Si puedes contestarte esas preguntas, entonces felicitaciones; ¡te has encontrado a ti mismo! Ya te puedes ir a casa, ¡ya sabes quién eres!

Pero la mayoría de la gente nunca ha reflexionado sobre estas preguntas ni sabe las respuestas. Están confundidos por este concepto de averiguar quiénes son porque se quedaron varados por el camino revisando los ítems de su lista de cosas que "tienen que hacer" a diario. No entienden de dónde viene su identidad propia porque están ocupados cumpliendo con los requerimientos mínimos de la vida y se sienten aburridos de ello. Están poniendo todos sus esfuerzos en escasamente sobrevivir —que es lo mismo que todos los demás están haciendo— y no entienden qué los hace diferentes ni qué hace que alguien sea un líder efectivo. Si has trabajado o estás trabajando para contestar todas estas preguntas y decides y te comprometes a esforzarte por vivir como un triunfador, estás a punto de empezar a lograrlo. Pero tú eres el único que puedes contestarte. Como discutimos en el Capítulo 1, tú eres el único apto para identificar las metas ganadoras que harán que tu vida sea mejor, terminen con tu agotamiento y te traigan balance, te liberen de la presión y te infundan energía para ir tras ellas. Solo tú puedes encaminarte hacia un viaje que valga la pena por un camino de liderazgo que justifique el viaje y que inspire a otros a nivel personal y profesional.

## ¿TOMAS DECISIONES DE LÍDER?

Tus decisiones y sus consecuencias determinan la persona que eres —y si eres o no un líder. Ya sea que ellas den como resultado un buen o mal liderazgo y una buena o mala administración, te definen como persona. Si tus decisiones impulsan tu vida hacia delante y tus circunstancias mejoran a tu alrededor, entonces tú eres un líder. Pero si a tus decisiones les falta coraje, autenticidad, visión o esfuerzo para avanzar, entonces quizá no hayas sido un buen administrador; es decir que has preferido mantener el estado de las circunstancias, que arreglarlas. Si has tomado tus decisiones basado en tu ego o emociones como resentimiento, envidia o egoísmo, entonces quizá no has administrado tus responsabilidades de la mejor manera y dejaste que las cosas se pusieran peor de lo que estaban.

El liderazgo en los negocios es forjarte nuevos caminos y llevar tu organización hacia delante, no quedarte donde estás hoy ni dejar que las cosas permanezcan como están. De la misma forma, el liderazgo personal es cuestión de llevar tu vida en la dirección que tú quieres y no seguir las ideas de los demás con respecto a lo que debería ser tu vida. En los negocios y en la vida, ganar es lo ideal. Es difícil identificar qué te hace único si todo lo que haces siempre es concentrarte en tus tareas preventivas como el resto de la gente —yendo al trabajo, sacando la basura y pagando las cuentas. Pero tú: ¿qué haces para ser distinto a los demás? ¿Qué has inventado? ¿Qué hiciste que no tenías que haber hecho? Tus tareas para ganar son las que te distinguen de la demás gente. Ir tras tus metas ganadoras para avanzar es saber liderar —tanto a ti mismo como a quienes te rodean. Todo esto es lo que no te dejará sentirte agotado y hace que tus esfuerzos valgan la pena, que

te produzcan satisfacción y te den balance, que generen el
movimiento que te mantenga en marcha.

## NO ES UNA COMPETENCIA

Estás trabajando en construir tu identidad cuando
te dedicas a ser un ganador. Tu identidad proviene de la
persona que eres, de lo que has logrado y hacia donde
te diriges. Entonces ¿cómo vas a adquirir tu identidad si
no haces ningún movimiento en tu vida? ¿Cómo te dife-
renciarás de los demás? Mucha gente trata de conseguir
este sentido de sí mismo del mundo externo compitiendo
y comparándose con otros, pero este es el enfoque que
toman cuando su ego se siente amenazado o insatisfecho —porque es función del ego protegernos y validar-
nos. Sin ese fuerte sentido de identidad propia que surge
de ganar, tu ego tratará de compensarse compitiendo y
comparándose con quienes te rodean.

De pronto has tenido la oportunidad de conversar con
gente que se comporta así. Si tu empresa ha crecido un
10%, la de esta persona ha crecido en el 20% y además
abrió otras dos oficinas este año. Si acabaste de ir a un
concierto, esta persona tuvo asientos en primera fila en
otro. Si por tu casa nevó y la nieve se apiló medio metro,
¡en su casa la nieve le llegó a la cintura!

Ocurre hasta en las peores circunstancias. Mi suegra
llevó a mi hijo pequeño a una fiesta hace algunos años
y conversando con la señora que estaba sentada junto a
ella, le comentó: "¿No son estas piernitas las más gorditas?", refiriéndose a las piernas de mi hijo. La mujer de inmediato le contestó: "¡Las de mi nieto son dos veces más
gorditas!" Mi suegra regresó con nuestro hijo y riendo
nos contó el asunto y nos aconsejó que lo alimentáramos
más ¡porque había perdido el concurso del bebé más gor-

dito! Nosotros ni siquiera sabíamos que existía ese concurso, ¡pero parece que entramos en él y perdimos!

Esa clase de personas se identifica a sí misma como parte de la misma categoría con respecto a lo que sea que se está diciendo en la conversación, pero después se ubica dentro del grado más alto de la categoría dejando saber que ella en todo caso es superior y esta competencia que establece le da la identidad de ser ganadora en algo. Uno puede sentir cómo va desencadenándose la competencia a medida que la conversación va fluyendo y la persona comienza a considerar que se le está maltratando el ego.

Estos son unos buenos ejemplos:

*Tú:* mi hija juega soccer.

*Tu interlocutor:* la mía también. *(Identidad).* Ella juega en la liga y fue premiada como la mejor jugadora de la temporada. *(Mejor en la categoría).*

*Tú:* esta es mi cantante favorita.

*Tu interlocutor:* la mía también *(Identidad).* He sido su seguidor durante 20 años. Tengo pases de cortesía para entrar a sus camerinos en todos los conciertos. *(Mejor en la categoría).*

*Tú:* mi tía está enferma.

*Tu interlocutor:* mi tía también estuvo enferma *(Identidad).* Ella era mi tía favorita y al morir me dejó todo su dinero *(Mejor en la categoría).*

*Tú:* yo jugaba en el equipo de béisbol.

*Tu interlocutor:* yo también *(Identidad).* De hecho, mi equipo fue al campeonato estatal y yo hice el *home run* que nos dio el título de ganadores. *(Mejor en la categoría).*

A lo mejor todo eso que dicen sea cierto. Es posible que tengan más oficinas globales, más nieve, más goles, y bebes más gorditos que los nuestros. Pero la tendencia de convertir todas las conversaciones en una competencia surge de su falta de identidad propia, de su insatisfacción con la vida que llevan, y de haber fracasado al tratar de entender quiénes son y qué los hace únicos. Están tratando de establecer y desarrollar su identidad usando medidas *externas* (la gente que los rodea) en lugar de construir su identidad desde su ser *interior*.

Esta falta de identidad no solo causa que ellos compitan con los demás, además, después de un tiempo comienzan a renegar de quienes los rodean porque no se sienten contentos con lo que es su vida. Y esto es inevitable porque si están compitiendo *todo el tiempo*, no *siempre* van a ganar. Son de los que ven las noticias todas las noches para ver los desastres que otros están cometiendo y así pueden irse a acostar pensando: "Bueno, mi día no fue el mejor, ¡pero no fue una desgracia como esa!" Su identidad proviene de saber que otra gente está peor que ellos y lo mejor que pueden decir es: "¡Por lo menos no aparecí en las noticas de las 11:00 de la noche!".

Tristemente no hacen esto solo con la gente que aparece en TV. También terminan por arruinar sus relaciones interpersonales. Por ejemplo, digamos que tú y yo somos amigos. Tus metas van por buen camino y mes a mes te veo progresar, pero yo sigo en el mismo lugar y tiendo a empeorar. Después de un tiempo comienzo a sentir envidia y ahora empieza a haber competencia y resentimiento en mí, ¡y ahora quiero que *pierdas* en la maratón en la que vas a participar este fin de semana! De hecho, me estoy poniendo en tu contra porque no soporto que tu vida esté mejorando y la mía no.

Cuando el ego toma control y yo comienzo a resentirme contra ti, la relación se vuelve difícil. Después de todo, las relaciones se basan en una buena conexión y entendimiento mutuo, no en separación y competencia, la cual implica que haya un ganador y un perdedor, y no debe haber un ganador ni un perdedor en una relación. Todo el que se vea a sí mismo como un perdedor en una relación sufrirá de una autoestima lastimada y hallará problemas como permitir que otros lo manipulen o tomen control de él.

Si, de otra parte, con frecuencia estás tratando de ganar, te volverás obsesivo en cuanto a la manera en que crees que los demás te perciben. Estarás preocupado por tu estatus con respecto a posesiones como carros, casas, títulos y posiciones en los negocios y en la sociedad. Tus relaciones en todo caso se deteriorarán porque tratar de ganarle a todo el mundo debe ser agotador, para no mencionar dañino. Daña la confianza que debe haber entre las personas para que su relación sea exitosa ya sea en el aspecto profesional, familiar, entre amigos, vecinos, miembros del mismo equipo o con cualquier persona.

Si la competencia y la envidia han entrado a formar parte de tus relaciones y lo mejor que tienes para decir sobre tu vida es: "Por lo menos no aparezco en las noticias de las 11:00 de la noche", entonces es tiempo de que te ocupes de tus metas y empieces a avanzar hasta que consigas vivir como un ganador. Ganar te ayudará a restablecer el balance por una razón increíble y significativa:

> Perseguir tus metas para ser un ganador
> te devuelve tu enfoque interior

Una vez que hayas decidido trabajar en ellas, cambias tu enfoque. Te concentras en ti y en tus metas y en lo que quieres hacer en lugar de estar pendiente de lo que los demás piensan y hacen. En pocas palabras: dejas de competir.

## CONSTRUYE TU IDENTIDAD COMO LÍDER

Trabajar en tus metas te da identidad y autoestima porque tus metas creadoras en particular te definen y te ayudan a liderar. No puedes construir tu identidad trabajando solo en metas de consumo; esas son un *escape* de tu vida y de tus responsabilidades. Las usas como *retribución* por el trabajo duro que haces. Tampoco puedes construir tu identidad lavando tu ropa ni sacando la basura, y ni siquiera yendo a trabajar todos los días. Hacer lo que haces solo por salir del paso es hacer tu trabajo y prevenir inconvenientes. Eso es lo mínimo que debes hacer, pero no le dará movimiento a tu vida.

Para hacer que algo sea parte de tu vida debes ir más allá y por encima de lo que se espera. Necesitas la pasión suficiente para hacer que tu vida sea más que simplemente lo mínimo que se requiere. Esa pasión es la que te dará autenticidad y te ayudará a construir tu identidad.

Muy pronto terminarás de leer este libro. Entonces necesitarás devolverte al final del Capítulo 1 a la parte donde hiciste tu ejercicio de lluvia de ideas y la lista de tus metas. Ahora hazla de nuevo pero teniendo en cuenta todo lo que te apasiona. Piensa en tener tu negocio propio o una carrera profesional, en fortalecer una relación importante para ti, en hacer de lo que amas la parte esencial de tu vida —todo lo que te ayude a experimentar movimiento. Piensa en hacer las cosas mejor —porque eso es lo que hacen los líderes. La misma pasión que se requiere para liderar tu vida personal es necesaria para liderar un departamento, una organización o un equipo. La persona que es capaz de ir tras sus propias metas y valores también está capacitada para impulsar a otros a hacerlo, de la misma manera en que alguien que no logra liderar su vida tampoco tiene cómo liderar a terceros.

Vivir sin metas es vivir sin pasión hacia nada, lo cual termina en agotamiento pues trabajar para crear nuevas cosas y circunstancias es lo que termina con el cansancio y la competencia.

Si estás trabajando para ganar, no te resentirás ni tendrás envidia con las metas ni los movimientos de otra gente porque estarás enfocado en tu propia jornada. Las emociones agotadoras como la competencia, el resentimiento o la envidia serán remplazadas por energía y sentido de logro, como vimos en el Capítulo 4. Tus relaciones estarán listas para mejorar porque no sentirás la necesidad de competir con nadie, estarás ocupado compitiendo contigo mismo. Cuando logres *liderar* tu propia vida, y no tan solo *administrarla*, también estarás listo para liderar mejor tus relaciones porque podrás celebrar los triunfos y adelantos de otras gentes, y te sentirás seguro con la persona que eres y del lugar hacia el que te diriges.

## NO SOLO LO PIENSES, ¡HAZLO!

Tus metas no son parte de ti hasta que no hagas algo con respecto de ellas. Son solo intenciones hasta que las programes en tu calendario. Programarlas te da la fuerza que te guiará a actuar y a trabajar para obtener resultados. El calendario es una simple herramienta que todos necesitamos para empezar a convertir nuestras intenciones en realidad.

Cumplirlas no es tan rápido. La mayoría de las cosas que valen la pena toman tiempo. ¿Hay algo que tengas en mente y estés considerando hacer? Da paso a paso a la vez, hacerlo así está bien. Piensa en tu meta hoy, luego haz algo al respecto hoy. Prográmalo en tu calendario y continúa haciendo algo al respecto mañana. Antes que te des cuenta estarás camino a lograrlo ¿y cómo será tu vida entonces? Mejor que hoy, te lo aseguro. ¡De eso se trata ganar!

¿Conoces gente que ha administrado mal su vida hasta el punto de odiar todo con respecto a sí mismos? ¿Se sienten ellos atrapados en ciclos de situaciones laborales desagradables, endeudados, en medio de relaciones disfuncionales e incluso con problemas de salud debido al estrés que todo esto les causa? La gente que se encuentra en esa situación siente que todo lo que hace es porque "lo tiene que hacer". Dice cosas como: "¡No estoy al mando de mi propia vida!", "Necesito un cheque, no tengo más remedio". Siente que no tiene control, que el cansancio y el estrés se apoderaron de ellos y que están a un punto muy bajo de motivación y productividad.

Pero incluso aquellos que se sienten así pueden cambiar el estado de las cosas. Yo he visto individuos en un punto muy bajo de desaliento que han logrado progresar y trabajar, y mejoraron su vida cuando decidieron tomar responsabilidad de las decisiones que los llevaron allá y decidieron comprometerse a conseguir triunfar.

Analiza toda la situación. Puede que se trate de una meta a corto plazo que mejoraría tu vida, incluso de algo tan insignificante como organizar tu oficina. Después programas una pequeña meta de consumo para cuando hayas terminado de organizarla. Di: "Organizaré esta oficina para evitar que todo se me pierda y luego me voy a almorzar con mis amigos". O: "Voy a aprender cómo usar bien este nuevo computador para poder hacer mi trabajo más fácil y rápido, luego me relajaré y veré una película antes de irme a dormir". Estar en control de esa pequeña meta te hará querer estar en control de más. Entonces programas tiempo para trabajar en tus tareas preventivas con el fin de mejorar algo que tienes para mañana, y luego el siguiente día, y así sucesivamente. En algún momento empezarás a ver la luz al otro lado del túnel y experimentarás un cambio, incluso si comienzas con pequeñas metas.

El tiempo seguirá su curso y tu vida también, ya sea que la planees o no, la dirijas o no y consideres o no las consecuencias de tus decisiones. ¿Cómo decidirás qué hacer cuando tengas que tomar determinaciones importantes? Cuando hayas identificado las metas y lo que en definitiva quieres que sea parte de tu vida, podrás enfocarte en lo que quieres hacer. Y sabiéndolo, tomarás las decisiones y elegirás el camino que te llevará allá.

Hay cosas *que tienes que hacer* y cosas que *no tienes que hacer*. Como es frecuente, las cosas más importantes y divertidas —como la felicidad, las metas cumplidas, mejorar y liderar— están todas en la lista de lo que *no tienes que hacer*. Nadie te hará responsable de ellas. Tienes que quererlas, trabajar en ellas y ganártelas. Tener un balance apropiado entre *lo que tienes y lo que no tienes que hacer* —entre tus tareas para ganar y prevenir— es la mejor forma de terminar cada día sintiendo satisfacción por tus esfuerzos. Y claro, lograrlo implica que organices tus prioridades en pro de los resultados que deseas obtener.

## TRABAJAS MUY DURO COMO PARA NO OBTENER LOS RESULTADOS QUE MERECES

Siempre habrá preguntas persistentes: ¿Para cuándo lo necesitas? ¿A quién se lo entrego? ¿Qué pasará si no lo termino? Las respuestas a ellas determinan cómo decide la gente usar tu tiempo. El problema es que esas preguntas se enfocan en los *demás* y te dejan a *ti* y a lo que *tú* quieres hacer por fuera de la ecuación. ¿Alguna vez te ha ocurrido que después de escuchar lo que alguien ordena en un restaurante tú piensas: "¿Con tantas opciones tan exquisitas y eligió *eso*? ¡Yo nunca lo hubiera elegido!"? De la misma manera otras personas tampoco habrían elegido jamás lo que tú has elegido en determinadas circunstancias ni harían las mismas elecciones que tú con respecto a sus carreras o futuro. Si tú dejas tu tiempo en manos de otros y permites que esas preguntas enfocadas en ellos sean tu forma de elegir, es muy probable que prevengas inconvenientes, pero eso será *todo* lo que harás. Es muy probable que nunca llegues a donde tú quieres.

No experimentaremos lo mejor que tiene la vida para ofrecernos como individuos cuando de manera constante el enfoque esté puesto en otras personas hasta el punto en que no podamos construir nuestra propia identidad. Nos cansamos de estar pensando en lo que otros quieren que hagamos, en lo que otros dicen que necesitamos o no necesitamos hacer y en qué debemos o no comprometernos, etc. ¿Qué ocurriría si eso fuera en lo único que pensáramos durante toda una década? Agotamiento, mediocridad, crisis, depresión y resentimiento serían los resultados más probables.

Si todo lo que estás haciendo es tareas para prevenir inconvenientes, terminarás tu semana en el mismo lugar en el que comenzaste, semana tras semana. ¿No te mereces mejores resultados que esos?

Trabajas muy duro para solo estar previniendo, día tras día. Tus esfuerzos son demasiados para terminar al final del día, de la semana, del mes o del año exactamente donde estabas antes de tanto esfuerzo. Trabajas muy duro como para no experimentar los resultados significativos que quieres y para no conseguir el movimiento hacia delante en la consecución de tus metas para ser un ganador. Trabajas muy duro para tomar decisiones que no te arrojan mejores resultados en el presente ni para tu futuro. Te mereces esos resultados y ver la ganancia en tu vida en lugar de simplemente prevenir inconvenientes día tras día.

Si podemos cambiar nuestro criterio y priorizar pensando en los resultados y no en los plazos de vencimiento, empezaremos a movernos y avanzar hasta experimentar los resultados que provienen del éxito. ¿Tendremos todavía que pagar nuestras cuentas y ocuparnos de nuestras tareas preventivas? ¡Por supuesto que sí! Pero cuando terminemos la semana habiendo trabajado así de duro, habremos hecho algún movimiento, algo habrá tenido que mejorar, algún progreso habrá en nuestra vida. ¡De eso es de lo que se trata sentirnos satisfechos con nuestros logros!

Una vez que hayas logrado aprender a priorizar en cuanto a tus decisiones y acciones, los resultados que obtendrás serán mejores. Si logras llevar tu vida hacia el cumplimiento de tus metas un poquito cada semana, comenzarás a sentirte balanceado. Estarás *liderando* y no tan solo *administrando*.

Sé tú la inspiración —para ti mismo y para los demás. Sé la persona que otros ven y se preguntan: ¿Cómo hago para que mi vida sea así?" ¡Y luego diles cómo! Decide y comprométete de nuevo a ganar, vivir en balance, priorizar, planear y obtener energía de tus anhelos y no de tus temores. Dedícate a estar organizado y obtener resultados significativos por el tiempo y esfuerzo que les inviertes, a liderar y no solo administrar, a mejorar y no solo mantenerte, y a avanzar en lugar de quedarte estático en el mismo lugar.

Hazlo por ti mismo y por aquellos que te rodean porque lo mejor que puedes hacer por la gente que pertenece a tu vida es tomar buenas decisiones que te aseguren no terminar simplemente previniendo.

Todos tenemos que tomar la misma decisión a diario: "¿Cómo voy a invertir mis siguientes 24 horas para sacarles el mejor provecho?" ¡Aquello que decidas hacer con tu tiempo será lo que te produzca los resultados para avanzar o no en la vida!

Terminar este libro es tu tarea ganadora del día de hoy. No tenías que hacerlo, pero espero que estés feliz de haberlo hecho. Te deseo montones de suerte y éxito en todas las metas para ganar que decidas cumplir.

Ahora, ¡no se te olvide sacar la basura!

# Notas

## Capítulo 2

1. YWCA, "Beauty at Any Cost, a YWCA Report on the Consequences of America's Beauty Obsession on Women & Girls," Washington DC, August 2008.

2. M.D. Hurd, P. Martorell, A. Delavande, K.J. Mullen, and K.M. Langa, "Monetary Costs of Dementia in the United States," *New England Journal of Medicine* 368, no. 14 (2013): 1326–1334.

3. Walter F. Stewart, Judith A. Ricci, Elsbeth Chee, Steven R. Hahn, and David Morganstein, "Cost of Lost Productive Work Time among US Workers with Depression," *Journal of the American Medical Association* 289, no. 23 (2003).

4. Teresa Amabile and Steven Kramer, *The Progress Principle* (Boston: Harvard Business Review Press, 2011). 155

## Capítulo 4

1. Jeroen Nawijn, Miquelle A. Marchand, Ruut Veenhoven, and Ad J. Vingerhoets, "Vacationers Happier, But Most Not Happier after a Holiday," *Applied Research in Quality of Life 5*, no. 1 (2010).

2. Elaine D. Eaker, Joan Pinsky, and William P. Castelli, "Myocardial Infarction and Coronary Death among Women: Psychosocial Predictors from a 20 Year Follow-Up of Women in the Framingham Study," *American Journal of Epidemiology* 135, no. 8 (1992).

## Capítulo 7

1. Jonathon B. Spira and Joshua Feintuch, "The Cost of Not Paying Attention: How Interruptions Impact KnowledgeWorker Productivity," Basex, Inc., 2005.

2.  Simone Stumpf, Margaret Burnett, Thomas G. Dietterich, Ke-
    vin Johnsrude, and Jonathan Herlocker, "Recovery from Inte-
    rruptions: Knowledge Workers' Strategies, Failures and Envi-
    sioned Solutions," Oregon State University Technical Report
    #cs05–10–03.

## Capítulo 8

1.  C.A. Thorn, H. Atallah, M. Howe, and A.M. Graybiel, "Di-
    fferential Dynamics of Activity Changes in Dorsolateral and
    Dorsomedial Striatal Loops During Learning," McGovern Ins-
    titute for Brain Research, Massachusetts Institute of Techno-
    logy, June 2010.

# Agradecimientos

Mucha gente hizo posible y manejable este proyecto desde su comienzo hasta el fin.

Gracias a Adrianna Johnson de John Wiley & Sons, Inc. por "descubrirme" en *The Wall Street Journal* e iniciarme en esta jornada, y por creer en mi mensaje y habilidades.

Gracias a Sean Melvin por ayudarnos a conectar los puntos y darnos su consejo y dirección desde el comienzo.

Gracias a Cynthia Zigmund por su experiencia y consejo.

Gracias a Carolyn Monaco y a Alicia Simons de Monaco & Associates por ayudarnos con su experiencia de mercadeo, por su compromiso con el éxito de *Decídete,* y por su amistad.

Gracias a mi sobrino Jay McClautchy por su brillantez, talento, largas horas de trabajo exhaustivo, lealtad, apoyo y paciencia interminable.

Gracias a Anna Drummey, PhD, por apoyarme con su experiencia en el tema y por su consejo.

Gracias a Christine Moore de John Wiley & Sons, Inc. por sus habilidades en el arte de editar y por su apoyo y ánimo.

Gracias a Matt Holt de John Wiley & Sons, Inc. por decidir aceptar este proyecto y por coordinarlo.

Gracias a Erin Van Belle por su apoyo, paciencia, ánimo, integridad y amistad. Sus habilidades y experiencia en la administración y manejo en tiempos de crisis son incomparables.

Gracias a Lindsay Durfee y PR/PR por la promoción de mis ideas en el mundo de los medios impresos.

Gracias a David Hartmann y a Scott Ulrich de D2S Designs por la gran interpretación de nuestro logotipo. Su talento y visión son notables.

A mi esposa, escritora fantasma y socia en los negocios y en la vida, Lynn Shableski McClatchy, gracias por tu sentido apoyo en este proyecto desde el comienzo, por tus largos meses escribiendo e investigando, por tu incansable búsqueda de la excelencia, y por tu don para poner en palabras mis ideas. No hay palabras que expresen lo que significas para mí. Gracias por decidir pasar tu vida conmigo y por ser el corazón y el alma de nuestra familia.

A mis hijos: Grace, Amy, Kyle y Kelly, gracias por su interés en este proyecto, por su deseo de celebrarlo conmigo paso a paso. Por su apoyo y ánimo, y por su inquebrantable certeza de que todo lo que hago es por ustedes. Los amo más allá de todas las palabras.

A mi madre, Kay, y a mi recién fallecido padre, Jay McClatchy, gracias por una niñez irrepetible, por un hogar lleno de vida, por unos lazos familiares que nunca se romperán, por todas las lecciones que jamás olvidaré, por su ejemplo de ética que siempre me acompañará, por su fe inquebrantable, por el ejemplo de amor incondicional que ha delineado mi vida, y por su apoyo y oraciones desde el comienzo. Y más que nada, por no haber parado en el décimo hijo.

A mi suegra, Jackie Shableski, gracias por tu apoyo y oraciones y por tu dedicación para cuidar de nuestra familia para que pudiéramos escribir sin parar. Sin tu ayuda no hubiéramos podido desarrollar jamás este proyecto y a la vez llegar a las prácticas de soccer a tiempo. Las palabras no logran expresar la gratitud que sentimos por la forma en que has enriquecido nuestra familia. Estamos lejos de poder devolverte tu amabilidad, y como ya lo he dicho antes, solo podemos prometer que se lo retribuiremos en el futuro a nuestros nietos.

A mi familia y amigos, especialmente a: MaryKate y Bill, Sally y Ted, Joe y MaryPat, Tom, Michael y Christine, Jim y Nan, John, Billy, Elisa, Rick y Cindy, Vince y Beth, Ellen, Michelle y Sid, David y MaryKay, Sally y Brett, Sam y Sally, Bob y Nancy, Peter y Suzanne, Lisa, Max, Steve y Michelle, Chris y Michele, Pat y Liz, Jay, Jack, Caroline, Tom, Liz, y Katie; Paul y Gerry, Greg y Debbie, Artie y Lisa, Raz y Julie, y Jerry y Shannon. Gracias por compartir nuestros retos, labores y emoción a medida que progresaba este proyecto. Gracias por creer en mí y por darme su apoyo a lo largo de este camino. Nuestras vidas se han enriquecido con su amistad y compañía. Lynn y yo nos sentimos orgullosos y bendecidos de llamarlos nuestros amigos, y también nuestra familia.